FLUIDEZ**EN**EL**DIAPASÓN**
DELA**GUITARRA**

La guía creativa para dominar de la guitarra

JOSEPH**ALEXANDER**

FUNDAMENTAL**CHANGES**

Fluidez en el diapasón de la guitarra

La guía creativa para dominar de la guitarra

Edición en español

Publicado por **www.fundamental-changes.com**

ISBN: 978-1-910403-54-9

Derechos de autor © 2019 Joseph Alexander

Traducido por: E. Gustavo Bustos

El derecho moral de este autor se ha reconocido.

www.fundamental-changes.com

Enormes agradecimientos al increíble Pete Sklaroff por grabar el audio para este libro.

Gracias a **Quist** por proporcionar todas las excelentes pistas de acompañamiento para este libro.

Contenido

Introducción

Este libro está diseñado para ayudarte a dominar el diapasón mientras aprendes los patrones y enfoques más importantes utilizados en la música moderna. Sea cual sea el estilo de música que toques, *Fluidez en el diapasón de la guitarra* hará accesible al diapasón y pondrá cada escala esencial instantáneamente al alcance de tus dedos.

Este libro se divide en dos partes. La primera parte explora los métodos que utilizan los guitarristas para crear melodías, a la vez que desarrolla fluidez y técnica en la guitarra. Aprenderás los patrones secuenciales, saltos de intervalos, tríadas y arpegios que convierten a las escalas en herramientas melódicas utilizables. Esta sección, al tiempo que mejora en gran medida tu técnica, también aumenta tu capacidad creativa y auditiva, porque cada ejercicio en realidad te enseña vocabulario melódico que aporta para permitir enorme libertad creativa.

Como músicos, uno de los mayores desafíos que enfrentamos es que nuestros dedos están frecuentemente a cargo de nuestro cerebro. Los patrones o licks que hemos memorizado tienen la costumbre de salir sin que nosotros, de manera realmente consciente tengamos la intención de tocarlos. ¿Cuántas veces has pensado, "¡Maldición! ¡Acabo de tocar ese mismo lick de nuevo!"?

La *Primera parte* de este libro no sólo te permitirá construir *nuevas* ideas melódicas, sino que te ayudará a aplicar creativamente estas ideas en situaciones musicales. Te ayudará a salir de rutinas de solos, a la vez que desarrollas un mayor conocimiento del diapasón, una excelente técnica y un dominio creativo y consciente de la guitarra.

En la *Primera parte*, aprenderás muchas maneras importantes de ser creativo con las escalas y aplicar estos enfoques a las formas más comunes de escala para los guitarristas. Las cinco formas de escala (mayor, pentatónica, melódica, armónica y menor) serán cubiertas para que tus dedos estén familiarizados con cualquier patrón que puedas encontrar.

Aprenderás rutinas de práctica enfocadas y útiles para ayudarte a sacar el máximo provecho de tu tiempo y algunos consejos psicológicos importantes para ayudarte a mantenerte enfocado y positivo.

La *Primera parte* contiene una gran cantidad de material melódico en la guitarra, y aunque lo puedes utilizar para construir una técnica devastadora, notarás que el énfasis en general está en el desarrollo de tus oídos, tu musicalidad y su propia voz individual en la guitarra.

La *Segunda parte* de *Fluidez en el diapasón* es donde estarás íntimamente familiarizado con el diapasón de la guitarra. El objetivo es aprender *todas* las escalas importantes, en *todas* las tonalidades, en *todas* las posiciones en el diapasón.

Esto puede sonar como una tarea de enormes proporciones y tardarás un tiempo en llegar a dominar esta habilidad, pero una vez que la hayas dominado se quedará contigo para toda la vida.

Hay muchas escalas en la música pero, el 99% de las veces, los músicos modernos utilizan sólo dieciséis escalas diferentes para improvisar. En general, los intérpretes de rock y blues usan menos escalas diferentes y los intérpretes de jazz fusión utilizan más.

Estas escalas comunes son:

- Los siete modos de la escala mayor

- Las escalas pentatónicas mayores y menores

- La menor armónica y uno de sus modos

- La menor melódica y dos de sus modos

- La escala de medio entero y de tono entero

Algunas de estas escalas son mucho más comúnmente utilizadas que otras, por lo que los sonidos más importantes tienen prioridad para que puedas comenzar a hacer música rápidamente.

Si no sabes lo que es un modo, o si no has oído hablar de una escala menor melódica, no te preocupes. Habrá una breve introducción a la teoría en cada sección y un montón de oportunidades para aplicar musicalmente cada escala. Sin embargo, si estos conceptos son realmente nuevos para ti, entonces sugiero que adquieras una copia de la *Guía práctica de teoría de música moderna* y la leas junto con la sección de cada nueva escala.

La *Segunda parte* inicia con una breve explicación sobre cómo memorizar las notas en el diapasón utilizando formas y patrones para ayudarte. Aún cuando en un principio, aprender escalas se puede basar en memorizar formas, es vital que sepas cómo encontrar la nota fundamental de la tonalidad en la que deseas tocar.

Luego, pasamos a aprender a tocar *cualquier* escala en *cualquier* tonalidad en *cualquier* parte del diapasón. Este método se basa en el sistema CAGED, en el cual las cinco formas de escala que habrás aprendido en la *Primera parte* están vinculadas a acordes *ancla*.

Debido a que los modos se derivan de una única *escala madre*, visualizando la forma de escala madre en torno a un acorde ancla diferente podemos acceder instantáneamente a cualquier modo que queramos tocar. Para mover el modo a una tonalidad diferente, todo lo que necesitamos hacer es mover el acorde ancla a una nota fundamental diferente.

Mediante el uso de estos simples acordes ancla, y trabajando en unas pocas tonalidades diferentes, el diapasón de la guitarra se abre de forma extremadamente rápida. Esto puede sonar un poco complejo, pero te aseguro que es un proceso sencillo.

Una vez más, se incluyen rutinas de práctica útiles y eficientes para que puedas dominar rápidamente todas las escalas y las tonalidades.

La *Segunda parte* está organizada cuidadosamente para que aprendas las escalas más comunes y útiles primero. Antes de lanzarte a escalas ligeramente más inciertas, pregúntate qué tan útiles son para el estilo de música que tocas. Puede que estés mejor trabajando tu creatividad con las escalas y patrones más comunes de la primera parte del libro.

De ninguna manera estoy tratando de disuadirte de aprender las escalas posteriores (¡que están incluidas por una razón!), pero sólo disponemos de una cantidad limitada de tiempo para hacer música así que dale prioridad a las escalas que te llevan a la música que quieres tocar.

No es necesario trabajar este libro en orden. De hecho, recomiendo combinar las partes *Primera* y *Segunda* de este libro desde el principio. Practicarás de manera muy eficaz si puedes aplicar secuencias melódicas y patrones a las escalas y posiciones de la *Segunda parte*.

A lo largo de este libro hay rutinas de práctica sugeridas, y cualquier patrón y escala que considero una prioridad, están marcados con un *.

Este libro trata del entrenamiento de tus manos para que sigan a las ideas musicales de tu cabeza, por lo que escuchar el audio de acompañamiento es muy recomendable.

Puedes descargar el audio de forma gratuita aquí: www.fundamental-changes.com/download-audio

Obtén el audio

Los archivos de audio de este libro se pueden descargar de forma gratuita en **www.fundamental-changes. com** y el enlace se encuentra en la esquina superior derecha. Sólo tienes que seleccionar el título de este libro en el menú desplegable y seguir las instrucciones para obtener el audio.

Te recomendamos descargar los archivos directamente a tu computador, no a tu tableta, y extraerlos allí antes de añadirlos a tu biblioteca multimedia. Luego, ya puedes ponerlos en tu tableta, iPod o grabarlos en un CD. En la página de descarga hay un archivo de ayuda en PDF y también ofrecemos soporte técnico a través del formulario en la página de descargas.

Kindle / eReaders

Para sacarle el mayor provecho a este libro, recuerda que puedes pulsar dos veces cada imagen para verla más grande. Apaga la "visualización en columna" y mantén tu Kindle en modo horizontal.

Para ver más de 350 lecciones de guitarra gratuitas con videos visita:

www.fundamental-changes.com

FB: FundamentalChangesInGuitar

Instagram: FundamentalChanges

Primera parte: Secuencias, intervalos, tríadas y arpegios

Introducción a la primera parte

La mayoría de la música popular *no* se compone de patrones, secuencias y líneas de saltos de intervalos. Estas ideas se producen muy a menudo en el rock pesado o en solos de guitarra "*shred*", pero por lo general aparecen brevemente para construir tensión. Si todos los solos fueran simplemente secuencias de patrones melódicos, se volverían aburridos bastante rápido.

Sin adentrarnos demasiado en el viejo (e inútil) debate de "la técnica versus el sentimiento", mi *opinión* es que los solos de guitarra a menudo se describen como "sin alma" cuando contienen principalmente el tipo de patrones que los guitarristas practican como ejercicios de técnica.

Cuando se dice que un solo de guitarra es "expresivo" o un guitarrista "expresa un buen sentimiento", creo que ellos han practicado patrones y escalas similares, pero sus objetivos fueron la libertad musical y la libertad en el diapasón, en lugar de la velocidad y la técnica.

La velocidad es una vara para medir útil. Al aumentar la velocidad del metrónomo y tocar un patrón con precisión, podemos medir fácilmente mejoras tangibles y sentirnos bien con nuestro progreso. Por desgracia, la otra cara de la moneda es que al trabajar de manera exhaustiva para aumentar la velocidad en un ejercicio en particular, entrenamos nuestras manos para saber *solamente* ese ejercicio. Cualquier ganancia en la técnica es contrarrestada rápidamente por un límite a nuestra creatividad. La idea de un solo de guitarra es añadir algo nuevo a la música y llevar la canción a un lugar diferente. ¿Cómo podemos aportar algo nuevo a una pieza musical si nuestras manos están "atrapadas" en uno o dos patrones particulares?

La solución es asegurarse de que practicamos cualquier ejercicio técnico de una manera creativa y musical; y darnos cuenta de que el objetivo de este tipo de práctica es enseñar a nuestros oídos nuevas posibilidades melódicas.

Si la mayoría de las formas populares de la música no se construyen a partir de secuencias y patrones "angulares", entonces, ¿por qué es tan importante para nosotros practicarlas? Creo que hay un par de razones.

- Confianza y fluidez

Practicar escalas en patrones melódicos, saltos de intervalos, tríadas y arpegios nos da la seguridad de saber dónde se encuentran las notas de la escala en el diapasón. Con este tipo de confianza, somos capaces de tocar con convicción y sentimiento.

- Entrenamiento del oído

Trabajar a través de diferentes estructuras melódicas nos permite escuchar e interiorizar posibilidades melódicas que antes desconocíamos. Al obligarnos a practicar cosas diferentes, nuestro oído recordará e interiorizará muchos sonidos diferentes. Cuando improvisamos o escribimos música, vamos a tener un gran diccionario de ideas melódicas que, naturalmente, se combinarán para formar solos interesantes.

Además, mediante la práctica de estas ideas en un entorno creativo (con pistas de acompañamiento o una banda, en lugar de sólo un metrónomo), aprendemos a *sentir* cómo una elección particular de una escala afecta el estado de ánimo de la música.

- Construcción de espontaneidad creativa

Si estamos seguros con las escalas y hemos aprendido muchas ideas melódicas, estamos más propensos a tener la confianza para tocar algo nuevo espontáneamente. Graba tu interpretación y escúchala de nuevo 24 horas después. Escuchar una idea que tuviste en un solo podría ser la semilla de una nueva canción o lick.

- Técnica

No se puede negar que la práctica de los patrones, intervalos, tríadas y arpegios construye rápidamente la técnica en la guitarra. Trabajar con un metrónomo o una caja de ritmos y aumentar la velocidad de un ejercicio, son factores importantes en la *interiorización* de un patrón. La parte difícil es saber cuándo dejar de practicar la técnica y cuándo empezar a hacer el ejercicio de manera musical. Las rutinas de práctica en esta sección dan velocidades sugeridas, pero éstas varían en función de tu gusto y estilo. La técnica es la búsqueda de la fluidez, la confianza y la capacidad de tocar la música que escuchas en tu cabeza. La velocidad puede ser una parte de eso, pero no es el objetivo final.

Formas de escala de tres notas por cuerda versus CAGED

La mayoría de las escalas contienen siete notas diferentes y estas notas se encuentran en lugares establecidos en el diapasón. Es posible tocar cada nota en más de un lugar y también en diferentes octavas, lo que significa que todo el diapasón se puede llenar con una sola escala.

Por ejemplo, las siete notas en do (C) mayor (do re mi fa sol la si -C D E F G A B) se encuentran en los siguientes lugares:

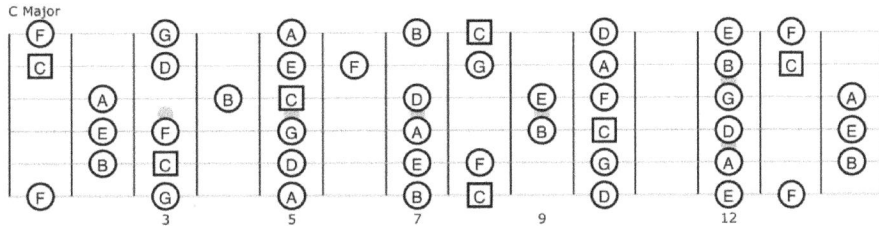

Tenemos que fragmentar esta gran cantidad de información en trozos más pequeños si vamos a utilizarla musicalmente, y hay opiniones divididas acerca de cómo hacer esto.

A algunos intérpretes les gusta dividir la escala madre en trozos que tienen tres notas en cada cuerda, y dividirían las notas entre el 5to y 9no trastes así:

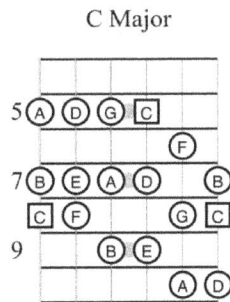

Otros intérpretes dividen de manera diferente este rango para evitar desplazarse demasiados trastes desde la primera nota de la forma. Nota que en el diagrama siguiente se utiliza el 4to traste y que la nota más alta ahora es un do (C), no un re (D) como en el diagrama anterior.

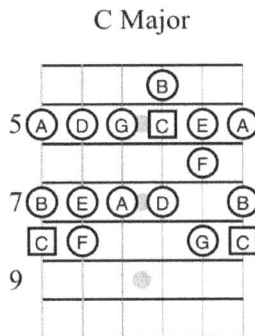

Estas formas más pequeñas se conocen normalmente como formas CAGED, porque son percibidas a menudo como si fueran construidas en torno a uno de los primeros acordes de posición abierta que probablemente aprendiste como guitarrista. Estos acordes son los acordes de do, la, sol, mi y re mayor (C, A, G, E y D, por su notación en el sistema internacional). La escala anterior se basa en la forma del sol(G) mayor:

C Major (G Shape)

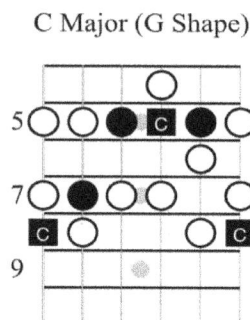

Las escalas de tres notas por cuerda se prestan para tocar más rápido debido a su uniformidad, aunque es fácil quedar atrapados en patrones de escala y tocar escalas de corrido. También pueden llevar a muchas melodías a ser estructuradas en grupos de tres debido a su disposición, y hacer que las líneas de corcheas o semicorcheas agrupadas en pares sean más difíciles de tocar.

Las formas CAGED se visualizan con mayor facilidad alrededor de formas de acordes, lo que hace que las notas "objetivo" y los tonos de acordes sean más fáciles de encontrar. Por lo general se adaptan a los dedos con mayor comodidad y no requieren cambios de posición para tocar. Los saltos de intervalos grandes son a menudo más fáciles de tocar debido a que su rango es más pequeño y sus agrupaciones de notas pares son más fáciles de controlar. Por otro lado, el cambio entre las agrupaciones de dos y tres notas por cuerda puede ser difícil de controlar, así que estas formas no son tan fáciles de tocar rápidamente.

Una diferencia importante es que (contrario a lo que se podría intuir) se necesitan *siete* formas de tres notas por cuerda para cubrir el diapasón, pero sólo *cinco* formas CAGED para cubrir todo el diapasón.

Yo me inclino hacia las escalas de agrupación mixta (CAGED) pues toco más jazz y blues, pero cuando era más joven y tocaba rock más técnico, dependía bastante de las formas de las tres notas por cuerda.

Este libro se centra en el sistema CAGED pues creo que sus numerosos beneficios superan sus pequeñas dificultades. Estas escalas se integran perfectamente con el sistema CAGED y son una manera excelente de organizar nuestro pensamiento. Sin embargo, también he incluido diagramas para las formas de las tres notas por cuerda para los modos de la escala mayor junto con los modos menores melódico y armónico en el Apéndice A.

Los enfoques de la *Primera parte* se pueden aplicar a cualquier tipo de forma de escala, así que si sientes que aquellos se adaptan mejor a tu estilo de música por favor utilízalos, ya que pueden ser muy útiles.

Capítulo 1: Secuencias melódicas

Este capítulo te enseña los patrones de escala importantes que mejoran la fluidez y el vocabulario melódico en la guitarra. Estas secuencias se darán inicialmente alrededor de la primera posición de la escala mayor antes de ser aplicada a las otras formas escala mayor y diferentes tipos de escalas.

Las secuencias son fragmentos melódicos pequeños y repetitivos que gradualmente ascienden o descienden una escala. Estos patrones nos enseñan nuevas posibilidades melódicas mientras que van construyendo nuestra técnica, confianza y fluidez.

Cada patrón se enseña alrededor de la siguiente forma de escala. Asegúrate de poderla tocar con fluidez tanto de forma ascendente como descendente antes de abordar las diferentes secuencias en este capítulo.

Al igual que con cualquier gráfico de escala en este libro, la nota fundamental de la escala se muestra con un marcador cuadrado.

C Major Shape 1

En la página 13 hay un horario de práctica conciso que deberías seguir a la hora de aprender las secuencias de este capítulo. Una vez que hayas aprendido las secuencias, no debería tardar más de cinco minutos para completar esta rutina cada día.

No tienes que completar cada ejercicio perfectamente antes de pasar al siguiente. Programa un temporizador para que timbre cada 30 segundos y pasa al siguiente ejercicio, incluso si no estás tocando el ejercicio actual de manera satisfactoria.

La razón de este enfoque estricto es asegurarte de que estás entrando en contacto con la mayor cantidad de material posible a diario y enseñarte hábitos de práctica *saludables*.

Hábitos de práctica saludables

Imagina una situación hipotética en la que te digo que escojas el patrón más difícil y toques sólo eso hasta que lo hayas dominado a una velocidad rápida. Te puede tomar un par de días conseguirlo, e incluso entonces todavía podría ser un poco inestable. Ahora ya has pasado tal vez tres días trabajando en un solo patrón con el cual probablemente no te sientas con la suficiente confianza para utilizarlo musicalmente y, más importante, has perdido muchas oportunidades de aprender otros patrones musicales útiles que podrían haber sido de mayor beneficio o más fáciles de tocar.

El hecho de que un patrón sea más difícil, no significa que sea más importante musicalmente. De hecho, si un patrón es *realmente* difícil, y pasas bastante tiempo para llegar a dominarlo, habrás entrenado tus dedos para que se queden *atrapados* en ese patrón, de manera que eso es todo lo que puedes tocar. Si ves que algo es extremadamente difícil, puede que aún no estés preparado para ello. Tal vez tu técnica necesita un poco de trabajo, o tal vez no sabes la escala lo suficientemente bien. Si este es el caso, aprender patrones más fáciles que realmente puedas utilizar te preparará para los más exigentes y te ayudará a familiarizarte más con el patrón de la escala.

Al practicar las cosas más fáciles primero, sentirás más el progreso en tu capacidad y asociarás más sentimientos positivos que negativos con tu guitarra.

Una vez que hayas tocado toda la programación completa, para y toma un descanso. En seguida, pasa a un ejercicio que utilice una de las secuencias de una manera creativa. Estas ideas se muestran en el capítulo 5.

Cuando el temporizador finalice, siempre debes parar. De nuevo, esto genera emociones positivas cuando tocas.

Si deseas continuar con tu práctica después de que suene la alarma, es probablemente porque lo estás haciendo muy bien o porque te resulta frustrante.

Si tu práctica va bien y decides continuar luego de que el tiempo se acaba, eventualmente llegarás a un punto de frustración y dejarás la guitarra a un lado. Esto quiere decir que habrás dejado tu guitarra mientras te encontrabas en un estado negativo y asociaste los sentimientos negativos con la práctica. Termina cuando te estés sintiendo positivo y siempre volverás a la práctica sintiéndote entusiasmado.

Todos tenemos días en los que la práctica no va bien y nos frustramos. El truco aquí es ser observador en cuanto a qué cosas específicas son desafiantes para ti. Sigue trabajando hasta que suene el temporizador, ya que perseverar en algo que es difícil es un logro en sí mismo. Después de tu práctica, toma nota de lo que fue particularmente difícil y toma un descanso.

Si sigues adelante después de que finalice el temporizador, te agotarás mentalmente y te sentirás inútil por el resto del día. Cuando sea momento de practicar nuevamente recordarás estos sentimientos negativos y evitarás tocar la guitarra.

Si paras cuando el temporizador acaba, te habrás apropiado de la tarea y habrás mantenido el control de la situación. Puedes acercarte a la guitarra más tarde sabiendo que eres quien manda. Está bien que las cosas sean un reto, pero ten presente que no hay prisa por avanzar y que puedes controlar tu práctica.

Adhiérete al siguiente programa y avanza cuando el temporizador termine.

Este capítulo contiene once secuencias que ascienden y descienden las escalas. La siguiente tabla te ayudará a organizar tu tiempo.

Durante los primeros días, concéntrate en aprender todos los patrones en la posición 1 de la escala mayor, pero en días posteriores aplica los patrones a las cinco formas que se muestran en la página 16.

Patrón	Día 1	Día 2	Día 3	Día 4	Día 5	Día 6	Día 7
A*	♫@60	♫@80	♫@100	♬♬@50	♬♬@75	♬♬@90	♬♬@100
B*	♫@60	♫@80	♫@100	♬♬@50	♬♬@75	♬♬@90	♬♬@100
C	♫@60	♫@80	♫@100	♬♬@50	♬♬@75	♬♬@90	♬♬@100
D*	♫@60	♫@80	♫@100	♬♬@50	♬♬@75	♬♬@90	♬♬@100
E	♫@60	♫@80	♫@100	♬♬@50	♬♬@75	♬♬@90	♬♬@100
F*	♫@60	♫@80	♫³@100	♬♬@50	♬♬@75	♬♬@90	♬♬@100
G*	♫³@60	♫³@80	♫³@100	♬♬♬⁶@50	♬♬♬⁶@60	♬♬♬⁶@70	♬♬♬⁶@80
H*	♫³@60	♫³@80	♫³@100	♬♬♬⁶@50	♬♬♬⁶@60	♬♬♬⁶@70	♬♬♬⁶@80
I*	♫³@60	♫³@80	♫³@100	♬♬♬⁶@50	♬♬♬⁶@60	♬♬♬⁶@70	♬♬♬⁶@80
J	♫³@60	♫³@80	♫³@100	♬♬♬⁶@50	♬♬♬⁶@60	♬♬♬⁶@70	♬♬♬⁶@80
K	♫³@60	♫³@80	♫³@100	♬♬♬⁶@50	♬♬♬⁶@60	♬♬♬⁶@70	♬♬♬⁶@80

* = Prioritario

Esto puede parecer una tarea que consume tiempo, pero a medida que desarrollas tus habilidades, cada ejemplo sólo tomará unos segundos de práctica. Eventualmente serás capaz de ascender y descender a través de cada ejemplo de este capítulo en menos de cuatro minutos cuando toques semicorcheas a 90 golpes por minuto. Para consejos sobre cómo desarrollar la velocidad, consulta la página 17.

No te preocupes si no alcanzas la velocidad requerida cada día, estas ideas tomarán un tiempo hasta que las domines. Mantén un registro del tempo al que puedes tocar cada ejercicio y empieza unos pocos golpes por minuto por debajo de ese punto cada día. Así mismo, concéntrate sólo en los ejercicios marcados con asterisco (*), ya que son los más importantes de dominar.

En las siguientes secuencias sólo se muestran los dos primeros compases de cada patrón ascendente y descendente. Si el ejercicio completo estuviera escrito para cada secuencia, ¡este libro hundiría un barco de guerra!

Dos compases es tiempo suficiente para incorporar el patrón a tus oídos. Además, tus habilidades en el diapasón se beneficiarán enormemente de tener que utilizar tu oído y tus ojos para seguir la secuencia por el resto de las formas de escala. Esta es una oportunidad fantástica para memorizar el patrón de la escala.

Los siguientes ejercicios se pueden tocar sobre cualquier secuencia de acordes en la tonalidad de do. Puedes utilizar la *pista de acompañamiento 1* mientras practicas.

Ejemplo 1a: *

```
A
     1                    2              etc...  3                              4                        etc...
                                                10-8-7      8-7            7
T                                                      10      10-8         10-8      10-8
A                                                                          10       10-9      10-9
B       8-10  7-8    7-8-10    7-8-10  7-9
           10    10
```

Ejemplo 1b: *

```
B
     1                    2              etc...  3                              4                        etc...
                                                10-8-7-10-8-7    8        7      7
T                                                         10      10-8    10-8   10
A                                                                              10
B    8-10  7  8-10  7-8  7-8-10-7-8-10  7
             8-10       10            8
```

Ejemplo 1c:

```
C
     1                    2              etc...  3                              4                        etc...
                                                8-7-10-8-7    8-7          7
T                                                       10      10-8      10-8   10-8
A                                                                           10
B  8-10-7-8-10  7  8-10  7-8  7-8-10-7-8
                                  10
```

Ejemplo 1d: *

```
D
     1                    2              etc...  3                              4                        etc...
                                                7-10-8-7    8-7        7
T                                                     10      10    8    10-8   10-8
A                                                                          10      10
B  7  7-8  7-8  10-7-8-10  7    7
      8-10    10          8-10
```

14

Ejemplo 1e:

Ejemplo 1f: *

Ejemplo 1g: *

Ejemplo 1h: *

Ejemplo 1i: *

I

1 ┌─3─┐┌─3─┐┌─3─┐┌─3─┐ 2 ┌─3─┐┌─3─┐┌─3─┐   etc...   3   4   etc...
└─3─┘

```
T
A   8-10-8-7-8-7──7
B                  10──10-8-10-8
      8-7-8-10-8-10──10   7──7-8-7-8   10-8-10──7──7-9-7-9-10-9-10        10──10-9-10-9-7-9-7──7
                                                                            8                    10──10
```

Ejemplo 1j:

J

1 ┌─3─┐┌─3─┐┌─3─┐┌─3─┐ 2 ┌─3─┐┌─3─┐   etc...   3   4   etc...
    └─3─┘└─3─┘

```
T
A          10-8-10-8-7-8-7──7
B                           10──10-8-10
      8-10-8-10──10   7──7-8-7-8-10-8   10──10──7──7-9-7-9-10-9-10──7──10      8──8   10──10-9-10-9-7-9-7──7
                                                                               10                        10
```

Ejemplo 1k:

K

1 ┌─3─┐┌─3─┐┌─3──┐ 2 ┌─3─┐┌─3─┐   etc...   3   4   etc...
      └─3──┘└─3─┘

```
T
A      10-8-7──8-7──7
B                  10──10-8──10-8
      8-10──7-8──7-8-10-7-8-10   7──8-10──10   7-9──7-9-10-7-9-10──7   10-8──10   10-8──8   10-9──10-9-7-10-9-7──10
                             10
```

Cuando sientas que ya dominas uno o dos patrones, avanza hasta el capítulo 5 y úsalo con los ejercicios de creatividad musical.

El siguiente y muy importante paso es aplicar estos patrones a las otras cuatro formas de escala de do mayor que se muestran a continuación para desarrollar el mismo nivel de fluidez en todas las posiciones.

En la *Segunda parte*, aprenderás a utilizar estas cinco formas para tocar fácilmente cualquier modo mayor, por lo que desarrollar familiaridad y fluidez ahora va a ser de gran provecho para ti. Hay siete modos de la escala mayor que se tocan usando estas formas, por lo que los beneficios de cualquier práctica que hagas aquí se multiplicarán por siete cuando aprendas a usar estas formas como modos.

Incluyendo la primera forma que vimos, las cinco formas de los modos mayores pueden ser tocadas como sigue:

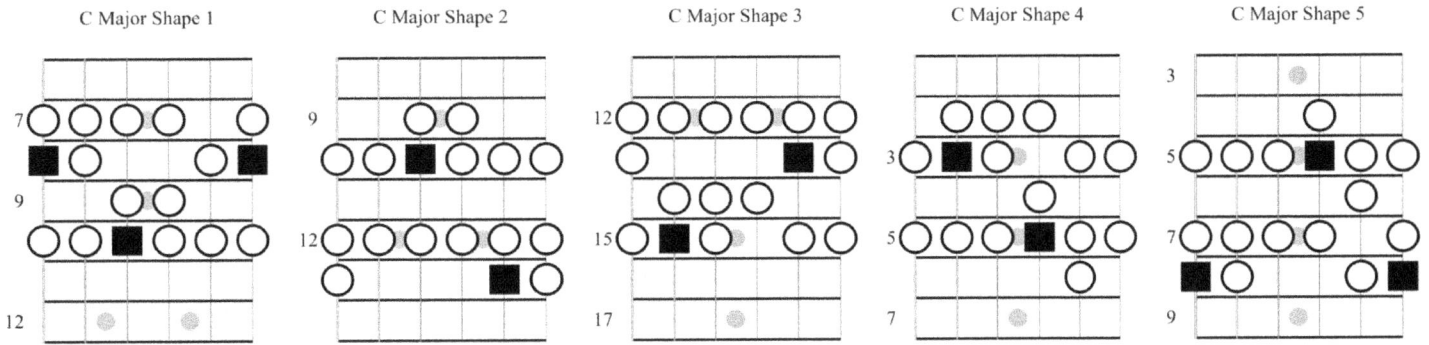

C Major Shape 1   C Major Shape 2   C Major Shape 3   C Major Shape 4   C Major Shape 5

El siguiente ejemplo muestra cómo aplicar un patrón que ya sabes a cualquier forma diferente.

Aquí está la secuencia melódica del ejemplo 1a:

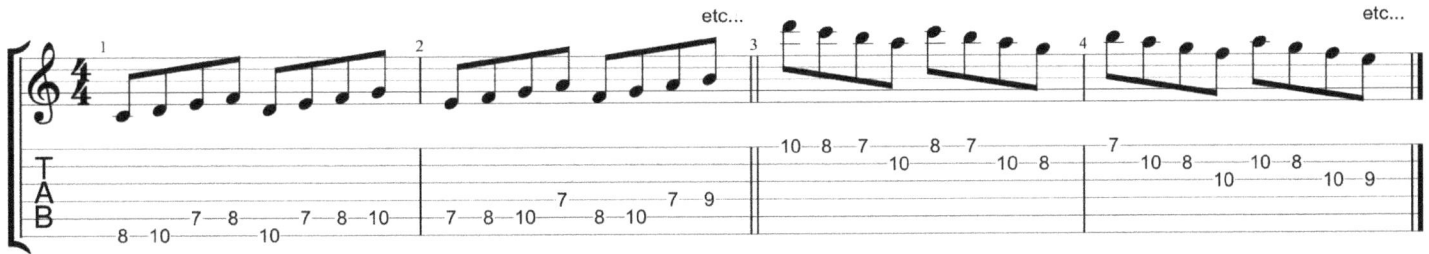

Probablemente ya sepas este patrón bien en la forma 1, por lo que no debería ser demasiado difícil aplicar esta idea a la forma 2. Si te agrada más leer la parte superior de la notación, asegúrate de echar un rápido vistazo a la línea de tablatura para ver dónde se toca esta secuencia.

El patrón del ejemplo 1a se toca en la forma 2 de la siguiente manera:

Ejemplo 1l:

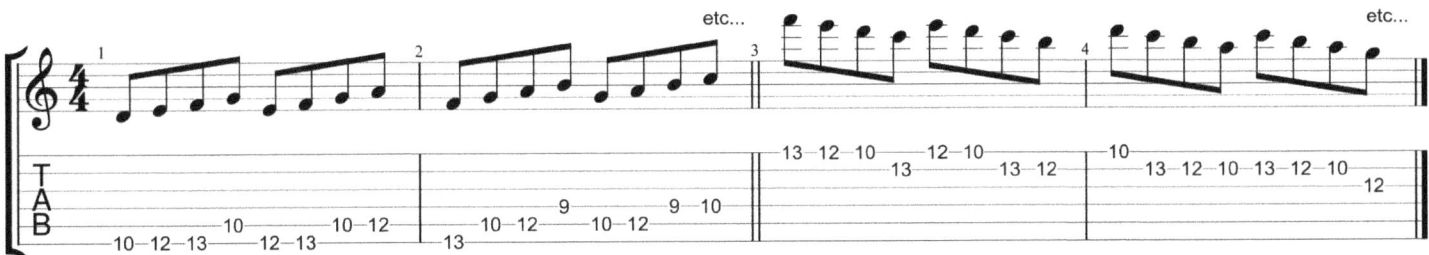

Repite este proceso para todas las otras formas.

Hay varias maneras en que puedes organizar tu práctica aquí. Mi consejo sería tomar sólo una secuencia a través de las cinco formas antes de pasar a la siguiente, en lugar de aplicar todas las secuencias a una forma antes de pasar a la siguiente.

Esto puede parecer una enorme cantidad de trabajo, pero es más sencillo de lo que parece. Al centrarse en una secuencia melódica y aplicarla a todas las formas, el contorno de la melodía llegará rápidamente a tus oídos y comenzarás a sentir que tu camino se vuelve más fácil a través de cada nueva forma. Por supuesto, es de ayuda pasar algún tiempo memorizando cada una de las cinco formas de escala antes de aplicar las secuencias.

La siguiente tabla te ayudará a organizar tu práctica con cada forma de escala y patrón.

Patrón	Día 1	Día 2	Día 3	Día 4	Día 5	Día 6	Día 7
A	Todas las formas	x (descanso)	Todas las formas	x	Todas las formas	x	Todas las formas
B	Todas las formas	x	Todas las formas	x	Todas las formas	x	Todas las formas
C	Todas las formas	x	Todas las formas	x	Todas las formas	x	Todas las formas
D	x	Todas las formas	x	Todas las formas	Todas las formas	x	Todas las formas
E	x	Todas las formas	x	Todas las formas	Todas las formas	x	Todas las formas
F	x	Todas las formas	x	Todas las formas	Todas las formas	x	Todas las formas
G	x	x	Todas las formas	x	x	Todas las formas	Todas las formas
H	x	x	Todas las formas	x	x	Todas las formas	Todas las formas
I	x	x	Todas las formas	x	x	Todas las formas	Todas las formas
J	x	x	x	Todas las formas	x	Todas las formas	Todas las formas
K	x	x	x	Todas las formas	x	Todas las formas	Todas las formas

Es importante que utilices conscientemente estos patrones en tu práctica de la improvisación también. El conocimiento de las escalas y la fluidez es muy importante, pero recuerda que el propósito real de cualquier ejercicio técnico es activar tu musicalidad. Toma tus secuencias favoritas y utilízalas en el capítulo 5.

El uso de estas ideas secuenciales en tus solos sonará muy forzado y antinatural al principio, y hasta quizá tengas un pulgar dolorido. Con práctica continua, se convertirán gradualmente en una parte natural e integral de tu vocabulario melódico.

Desarrollo de velocidad y fluidez

En este libro cada secuencia o patrón se escribe en corcheas para una mayor claridad y conveniencia, pero también se pueden doblar y ser tocadas como semicorcheas. Los siguientes pasos te ayudarán tanto a aumentar la velocidad del metrónomo como a introducir semicorcheas en tu interpretación.

Comienza con la siguiente secuencia:

Debes ser capaz de tocar este ejemplo limpiamente a 60 bpm (golpes por minuto) antes de intentar los siguientes pasos.

Ajusta el metrónomo en 60 bpm y grábate tocando el ejemplo anterior cuatro veces.

Escucha tu grabación. Si las notas están espaciadas uniformemente a través del compás, aumenta el metrónomo en 8 bpm.

Al llegar a 100 bpm, reduce a la mitad la velocidad del metrónomo a 50 bpm, pero dobla la velocidad de las notas para tocar semicorcheas a 50 bpm. Matemáticamente, estás tocando a la misma velocidad que si estuvieras tocando corcheas a 100 bpm.

Ejemplo 1m: (ejemplo A tocado como semicorcheas)

A partir de 50 bpm, intenta aumentar gradualmente la velocidad del metrónomo de nuevo hasta llegar a alrededor de 100 bpm – 120 bpm.

Usando este método vas a desarrollar velocidad y técnica extremadamente rápido. Recuerda que el objetivo final es la confianza y la fluidez a una velocidad razonable, pero esta velocidad es única para ti. Trata de tocar cada ejemplo todos los días en lugar de pasar semanas tratando de lograr un ejercicio a 200 bpm.

Este enfoque se describe en el horario de práctica de la página 13.

A medida que tus habilidades se desarrollan, tocar cada ejemplo sólo te tomará unos segundos. Serás capaz de ascender y descender a través de todos los ejemplos en este capítulo en menos de cuatro minutos cuando toques semicorcheas a 90 bpm.

Es importante marcar con el pie. Puede sonar simple, pero hacer que el pulso sea un movimiento físico de tu cuerpo te hace tocar con más precisión. Si no puedes marcar con el pie con precisión al principio, baja la velocidad y practica con cuidado hasta que puedas.

Puedes descargar el audio de forma gratuita aquí:

www.fundamental-changes.com/download-audio

Capítulo 2: Intervalos

Un *intervalo* es el nombre de la distancia entre dos notas. La distancia de do a re es una segunda. La distancia de do a mi es una tercera. Tocar en intervalos en lugar de tocar escalas estrictas ascendentes y descendentes es una forma importante de introducir saltos en las melodías. Estos saltos pueden ser pequeños, por ejemplo una tercera o pueden ser bastante grandes, como una sexta.

Practicar intervalos es muy útil para desarrollar la técnica, ya que tocar saltos más grandes implica saltarse cuerdas y hacer digitaciones extrañas. Sin embargo, el beneficio real es sonoro. Los guitarristas a menudo practican con escalas estrictas y, al hacerlo, entrenan a sus oídos sólo para escuchar melodías lineales. Al obligarnos a introducir saltos de intervalos en nuestra práctica, entrenamos nuestros oídos para escuchar nuevas ideas melódicas que luego alimentan nuestra forma natural de tocar. Recuerda: tú eres lo que practicas.

Un intervalo se puede tocar ascendente o descendentemente, y estas direcciones se pueden combinar en secuencias. Por ejemplo, el primer salto de intervalo podría ascender y el siguiente podría descender. Los patrones largos de estas permutaciones pueden ser tocados juntos. Esto se muestra en el ejemplo 2j, donde se reproduce una secuencia de dos 3ras ascendentes y luego una 3ra descendente.

También es posible alterar el ritmo de estos patrones. Tocar patrones de intervalos de dos notas en tresillo crea interesantes efectos cros-rítmicos.

Comienza por aprender los patrones de salto de intervalos básicos desde 3ras hasta 8vas. Usa la siguiente rutina para organizar tu tiempo de práctica.

Patrón	Día 1	Día 2	Día 3	Día 4	Día 5	Día 6	Día 7
A*	♫@60	♫@80	♫@100	♬@50	♬@75	♬@90	♬@100
B*	♫@60	♫@80	♫@100	♬@50	♬@75	♬@90	♬@100
C	♫@60	♫@80	♫@100	♬@50	♬@75	♬@90	♬@100
D*	♫@60	♫@80	♫@100	♬@50	♬@75	♬@90	♬@100
E	♫@60	♫@80	♫@100	♬@50	♬@75	♬@90	♬@100
F	♫@60	♫@80	♫@100	♬@50	♬@75	♬@90	♬@100

Ejemplo 2a: *

Ejemplo 2b: *

B 4ths

Ejemplo 2c:

C 5ths

Ejemplo 2d: *

D 6ths

Ejemplo 2e:

E 7ths

Ejemplo 2f:

Como se ha mencionado anteriormente, es posible combinar saltos de intervalo en diferentes direcciones para crear ideas melódicas interesantes. Invirtiendo intervalos y combinando grupos de tres o más saltos de intervalo en una secuencia, hacemos accesible una amplia gama de posibilidades musicales. Estos ejercicios también aumentan dramáticamente nuestra familiaridad con la forma de escala y desarrollan confianza y fluidez en nuestros solos.

Los siguientes patrones, permutaciones y variaciones rítmicas se basan en el intervalo de una 3ra. Sin embargo, también debes aprender estas secuencias con los demás saltos de intervalo (4tas, 5tas y 6tas, etc.). Sugiero que pases una semana aprendiendo los siguientes ejemplos con 3ras antes de pasar a utilizar cada idea melódica con un intervalo diferente.

Utiliza la siguiente tabla para ayudarte a organizar de manera eficiente tu práctica.

Patrón	Día 1	Día 2	Día 3	Día 4	Día 5	Día 6	Día 7
G*	♫@60	♫@80	♫@100	♬@50	♬@75	♬@90	♬@100
H*	♫@60	♫@80	♫@100	♬@50	♬@75	♬@90	♬@100
I	♫@60	♫@80	♫@100	♬@50	♬@75	♬@90	♬@100
J*	♫@60	♫@80	♫@100	♬@50	♬@75	♬@90	♬@100
K	♫@60	♫@80	♫@100	♬@50	♬@75	♬@90	♬@100
L*	♪♪♪@60	♪♪♪@80	♪♪♪@100	♬♬@50	♬♬@60	♬♬@70	♬♬@80
M*	♪♪♪@60	♪♪♪@80	♪♪♪@100	♬♬@50	♬♬@60	♬♬@70	♬♬@80

Ejemplo 2g: (3ras invertidas) *

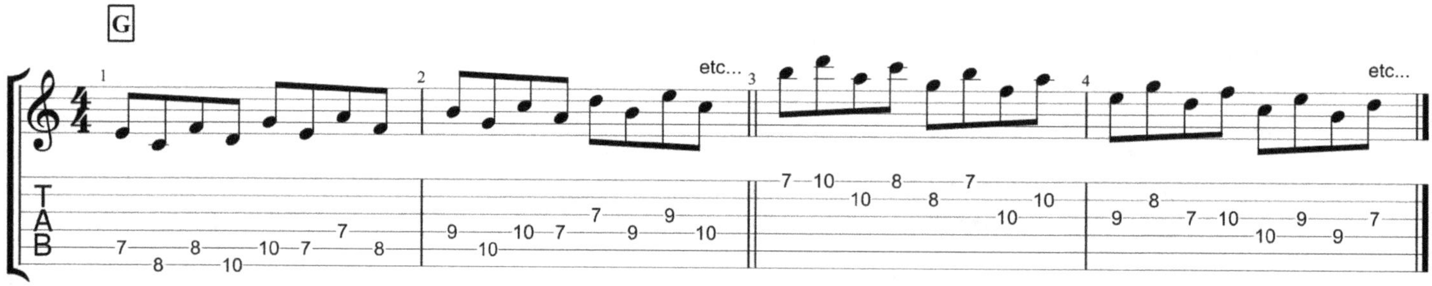

G

Ejemplo 2h: (una arriba, una abajo) *

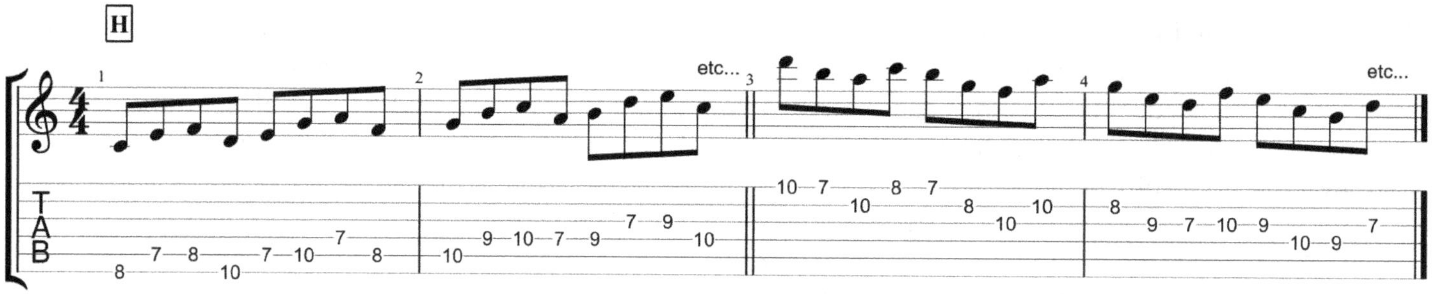

H

Ejemplo 2i: (una abajo, una arriba)

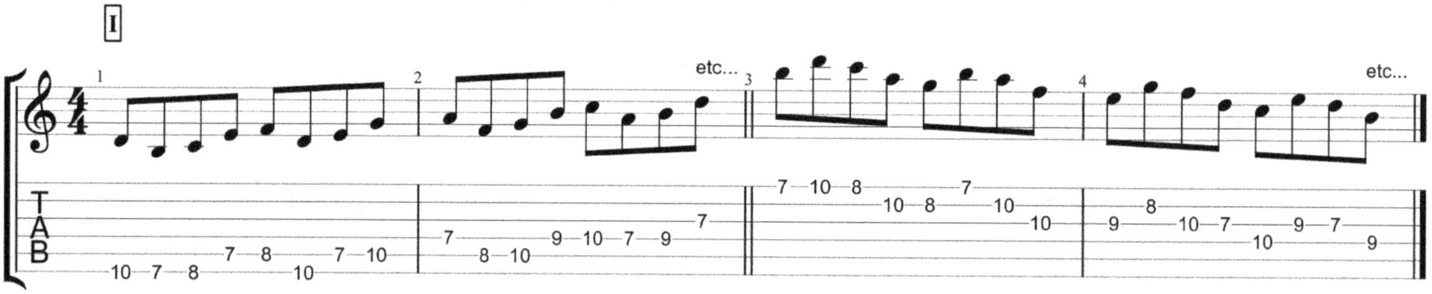

I

Ejemplo 2j: (dos arriba, una abajo) *

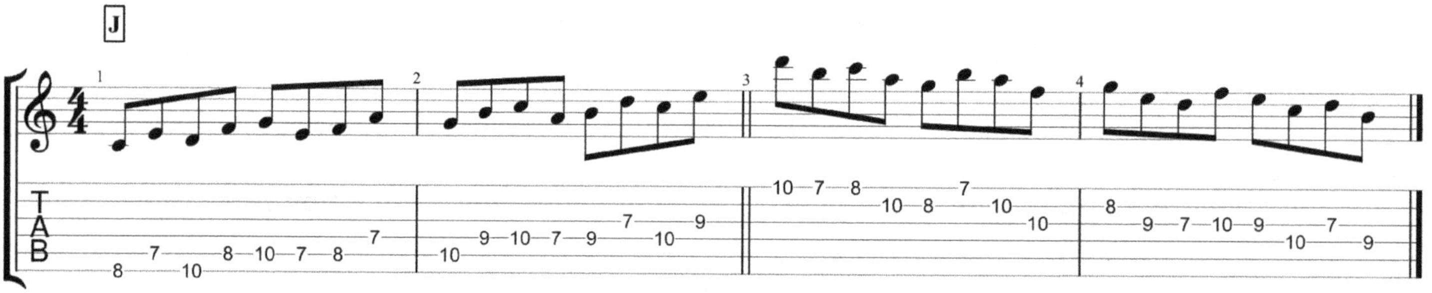

J

Ejemplo 2k: (dos abajo, una arriba)

K

```
TAB
   10-7   7   8-10   8-10-7   7               7-10     8-7        8       7-10     8        9       7
       7       8-10          7   9-10-7       9        10     10       10     9   10-7       10-7   9
                                                                              10-7    9
```

Ejemplo 2l: (con tresillo – sensación de 2 contra 3) *

L

```
TAB
   10   10   7   8-7-10-8   7   9-7-10   9   9-10   7-9-10-9   8   10-8   7   10-7-8   7   10   8-10   8   9   7   10-7   9-7   10   9-10-7-9   7   10   8-10-7
```

Ejemplo 2m: (una arriba, una abajo con tresillo. Sensación de 6 contra 3) *

M

```
TAB
   8   7-8   7-10-8   7-9   7-10   10   9   7-9   7-10-9   8-10   8   7   10-7   8-7   8-10   10-7   10-7   9   7   10-7   10-7-9   7   10-7   10-7
```

Cualquiera de estas ideas se puede aplicar a los otros intervalos. Por ejemplo, aquí está el ejemplo 2g tocado con 4tas:

Ejemplo 2n: (4tas invertidas)

```
TAB
   8   10   7   9   10   7   9   8   10   10   7   9   10   10-7   8-8   7-9   10   10   9   7   8   10   10-9   9-7   7
```

etc...   etc...

Utiliza la siguiente tabla para planificar tu práctica durante unas pocas semanas. A medida que avances encontrarás que sólo es necesario recapitular brevemente los intervalos anteriores para que puedas pasar más tiempo trabajando en las secuencias más complicadas. Esta rutina puede no ser perfecta para ti, así que mantén un seguimiento de tu propio progreso y dale prioridad a los intervalos y las secuencias cuyos sonidos te gusten más.

Patrón	Día 1	Día 2	Día 3	Día 4	Día 5	Día 6	Día 7
G	4tas ♫	4tas ♬♬	5tas ♫	6tas ♫	6tas ♬♬	7mas ♫	8vas ♫
H	4tas ♫	4tas ♬♬	5tas ♫	6tas ♫	6tas ♬♬	7mas ♫	8vas ♫
I	4tas ♫	4tas ♬♬	5tas ♫	6tas ♫	6tas ♬♬	7mas ♫	8vas ♫
J	4tas ♫	4tas ♬♬	5tas ♫	6tas ♫	6tas ♬♬	7mas ♫	8vas ♫
K	4tas ♫	4tas ♬♬	5tas ♫	6tas ♫	6tas ♬♬	7mas ♫	8vas ♫
L	4tas ♫³	4tas ♬♬♬⁶	5tas ♫³	6tas ♫³	6tas ♬♬♬⁶	7mas ♫³	8vas ♫³
M	4tas ♫³	4tas ♬♬♬⁶	5tas ♫³	6tas ♫³	6tas ♬♬♬⁶	7mas ♫³	8vas ♫³

Cuando hayas desarrollado una comprensión de cómo estas estructuras melódicas trabajan en la posición 1 de la escala mayor, aplica las ideas a las otras cuatro formas de la escala mayor.

Tan pronto como sientas confianza con una idea, utilízala con las ideas de práctica creativa del capítulo 5.

Capítulo 3: Tríadas

Apilando dos intervalos de una 3ra, una encima de la otra, se forma una tríada:

Dividir escalas utilizando tríadas es más difícil que utilizando 3ras porque ahora estamos visualizando dos notas con antelación en lugar de una. Existe el potencial para muchas permutaciones melódicas de secuencias de tríadas pues ahora estamos tratando con tres notas en cada secuencia.

Este no es un libro de posibilidades matemáticas, por lo que los siguientes ejemplos son de las aplicaciones más útiles, inmediatas y *musicales* de las tríadas. Yo sugeriría que te adhieras a ellos, aunque si tienes un montón de tiempo libre después de terminar este libro, tal vez quieras explorar más a fondo.

A pesar de que estas tríadas se forman a partir de dos 3ras apiladas, no hay ninguna razón particular por la que no se puedan apilar 4tas o 5tas. Estas ideas están por fuera del alcance de este libro, pero si tienes una mente matemática y curiosa, estas permutaciones pueden ser algo para investigar. Una advertencia, sin embargo: *mantén presente el objetivo final de hacer música.*

Los enfoques incluidos en este libro son útiles y musicales. Al iniciar la exploración de 4tas y 5tas apiladas etc., las melodías que crees se pueden volver angulares y desarticuladas. La música se ha basado en escalas, intervalos, tríadas y arpegios por cientos de años, por lo que yo recomendaría dominar ese vocabulario antes de lanzarse a una carrera de fusión experimental.

Como las tríadas son estructuras de tres notas, a menudo se aprenden en tresillo. Tocar tresillo es un enfoque muy útil en una primera instancia; sin embargo, una gran cantidad de patrones interesantes se pueden hacer usando ritmos pares de corcheas o semicorcheas. También es posible tocar cuatro notas en una secuencia de tríada, como se verá en el ejemplo 3o. Al tocar una de las notas de la tríada 2 veces, podemos crear una amplia variedad de melodías interesantes.

Ejemplo 3a: (ascendente) *

Ejemplo 3b: (descendente) *

Ejemplo 3c: (combinado) *

Ejemplo 3d: (alto, bajo, medio) *

Ejemplo 3e: (medio, alto, bajo)

Ejemplo 3f: (patrón de cuatro notas, nota más grave duplicada) *

Ejemplo 3g: (patrón de cuatro notas, nota media duplicada)

Ejemplo 3h: (patrón de cuatro notas, nota más grave duplicada)

Ejemplo 3i: (patrón de cuatro notas, nota media duplicada)

Ejemplo 3j: (patrón de cuatro notas, nota alta duplicada) *

Ejemplo 3k: (sensación ascendente 3 contra 2) *

Ejemplo 3l: (sensación descendente 3 contra 2)

Ejemplo 3m: (sensación combinada 3 contra 2)

Ejemplo 3n: (sensación combinada invertida 3 contra 2)

Como mencioné al principio de esta sección, es posible apilar 4tas y otros intervalos en estructuras similares a las de las tríadas. Vale la pena explorar esas ideas, ¡pero el beneficio que obtengas puede variar! El siguiente ejemplo muestra cómo apilar 4tas en estructuras similares a las de las tríadas:

Ejemplo 3o:

Cuando empieces a dominar los patrones de tríadas en la forma 1 de la escala mayor, trasládalos inmediatamente a las otras cuatro formas. Descubrirás que tu fluidez en el diapasón aumenta de manera espectacular con poco esfuerzo. Debido a sus amplios saltos de intervalo, los tresillos son una de las mejores divisiones de la escala que puedes practicar para desarrollar la técnica, la fluidez y la visión en la guitarra.

Una vez más, la cosa más importante que puedes hacer es pasar tiempo incorporando las ideas de tresillo a tu interpretación. Esto se hace a través de la práctica creativa deliberada, así que una vez que tengas un buen dominio de una o dos de las ideas de tresillo anteriores, utiliza las técnicas del capítulo 5 para ayudarte a llevar algunas de estas ideas a tu interpretación.

Capítulo 4: Arpegios

Cuando hayas ganado confianza con las tríadas, el siguiente paso es estudiar cómo utilizar estructuras de arpegio (de cuatro notas) para fragmentar las escalas. Al igual que las tríadas, los arpegios se forman apilando 3ras, una encima de la otra.

Los arpegios se forman apilando tres 3ras:

La distancia entre la primera y última nota de un arpegio forma el intervalo de una 7ma. Debido a las distancias más grandes involucradas, los arpegios son técnicamente más difíciles de tocar que las tríadas. A menudo, la siguiente nota de la secuencia puede estar a cierta distancia en el diapasón y debido a esto tu conocimiento de la escala, la percepción y la técnica aumentarán de manera espectacular cuando trabajes con estos patrones.

Simplemente añadiendo una nota adicional a una tríada, el número de patrones de secuencias disponibles en un arpegio aumenta enormemente. Por supuesto, es posible agotar todos los arreglos de estas cuatro notas con corcheas y tresillos, pero la simple verdad es que no todas las permutaciones son útiles para nosotros. Los siguientes patrones son los que yo considero útiles, inmediatos y musicales, pero tus oídos pueden tener otra opinión. Una vez que tengas la mayoría de los patrones de arpegio adaptados en tus dedos, no dudes en experimentar y descubrir nuevas posibilidades.

Como los siguientes ejercicios son bastante difíciles, asegúrate de trabajar lentamente en cada patrón. Los patrones de arpegio más importantes están marcados con asterisco, entonces concéntrate en el dominio de éstos y utilízalos de manera creativa antes de trabajar en las permutaciones más difíciles e inusuales.

Recuerda que estos patrones no sólo se dan para entrenar tus dedos y mejorar la fluidez en el diapasón, también están diseñados para abrir tus oídos a muchas nuevas posibilidades melódicas. Mientras que la velocidad y la fluidez son objetivos útiles y pueden ayudar a medir tu progreso, un objetivo más musical sería trabajar en la incorporación de estas ideas a las improvisaciones y en llevarlas de manera natural a tu interpretación.

Las secuencias de arpegio de cuatro notas tienden a ser más comunes en el jazz y la música fusión, pero incluso si no te gustan estos estilos, practicar secuencias de arpegio es una de las mejores maneras de realmente adentrarse en una forma de escala. Eres obligado a visualizar y escuchar grandes distancias musicales que realmente pondrán a prueba el conocimiento de la escala hasta que conozcas su forma como la palma de tu mano.

Al igual que con todas las estructuras de este libro, tan pronto como empieces a comprender y a dominar una secuencia particular en el patrón de escala de la forma 1, asegúrate de transferir la secuencia a los otros cuatro patrones de la escala mayor.

La siguiente tabla te ayudará a organizar eficientemente tu tiempo de práctica.

Patrón	Día 1	Día 2	Día 3	Día 4	Día 5	Día 6	Día 7
A*	♫@60	♫@70	♫@80	♬@50	♬@60	♬@70	♬@80
B*	♫@60	♫@70	♫@80	♬@50	♬@60	♬@70	♬@80
C	♫@60	♫@70	♫@80	♬@50	♬@60	♬@70	♬@80
D	♫@60	♫@70	♫@80	♬@50	♬@60	♬@70	♬@80
E	♫@60	♫@70	♫@80	♬@50	♬@60	♬@70	♬@80
F	♫@60	♫@70	♫@80	♬@50	♬@60	♬@70	♬@80
G*	♪³@60	♪³@70	♪³@80	♬⁶@50	♬⁶@55	♬⁶@60	♬⁶@65
H*	♪³@60	♪³@70	♪³@80	♬⁶@50	♬⁶@55	♬⁶@60	♬⁶@65
I*	♪³@60	♪³@70	♪³@80	♬⁶@50	♬⁶@55	♬⁶@60	♬⁶@65
J	♪³@60	♪³@70	♪³@80	♬⁶@50	♬⁶@55	♬⁶@60	♬⁶@65

Ejemplo 4a: (ascendente) *

Ejemplo 4b: (descendente) *

Ejemplo 4c: (ascendente luego descendente)

Ejemplo 4d: (descendente luego ascendente)

Ejemplo 4e: (Grave a alta luego descendente)

Ejemplo 4f: (descendente luego salto)

Ejemplo 4g: (sensación de 4 contra 3 ascendente) *

Ejemplo 4h: (sensación de 4 contra 3 descendente) *

Ejemplo 4i: (sensación de 4 contra 3 ascendente luego descendente) *

Ejemplo 4j: (sensación de 4 contra 3 descendente luego ascendente)

Aunque los patrones de arpegio son técnicamente difíciles, van a mejorar en gran medida tu fluidez en el diapasón.

Capítulo 5: Práctica creativa

Aprender y utilizar nuevas palabras en cualquier idioma puede ser difícil, y la música no es la excepción. Siempre hay un momento incómodo donde se usan por primera vez frases nuevas en la conversación, que sonarán obvias y poco naturales al principio.

El secreto del progreso, ya sea en el lenguaje o en la música, es *obligarte* a aplicar cualquier frase que acabas de aprender en tus conversaciones actuales. Si bien estas nuevas frases llamarán la atención al principio, con el tiempo se convertirán en una parte natural de tu lenguaje. Cuanto más a menudo practiques la incorporación de nuevas frases en tu música, más fácil será este proceso.

En este capítulo, vamos a ver cómo incorporar algunas de las estructuras melódicas de los capítulos anteriores a tu interpretación, y de qué manera utilizarlas como punto de partida para crear nuevas e interesantes melodías.

No hay manera "correcta" de comenzar a incorporar nuevas estructuras melódicas en tu interpretación para que suenen naturales pero, si me viera obligado a dar una rutina, sería algo como esto:

1. Sobre una pista de acompañamiento, toca una melodía o lick "de arranque" fuerte y simple

2. Toca un breve fragmento de una estructura melódica seleccionada que comience en un tono de acorde

3. Resuelve la estructura de cualquier manera que se sienta natural y musical

Al comenzar con una frase musical establecida, no tenemos que preocuparnos acerca de cómo iniciar el proceso creativo y podemos "preparar" fiablemente el segundo paso del proceso.

El segundo paso es donde se utiliza la estructura melódica seleccionada. Sigue con una idea a la vez y trata de mantener el patrón bastante corto. Al principio, comienza la estructura o patrón en un tono de acorde de la tonalidad. Por ejemplo, en la tonalidad de do, comienza la línea en la nota do, mi o sol. Cuando te hayas acostumbrado al uso de un patrón particular, puedes comenzar a alterar el ritmo y el fraseo de la línea.

Después de pasar un par de compases tocando la estructura, resuélvela de cualquier forma que te resulte natural. Confía en tus oídos en este punto. No preocuparte acerca de cómo resolver la línea reduce la presión sobre ti mientras practicas. Poco a poco, tu oído mejorará y encontrarás más fácilmente las formas de resolver.

Vamos a trabajar en la tonalidad de do utilizando la pista de acompañamiento 2. Para simplificar las cosas, vamos a utilizar la secuencia melódica del ejemplo 1a, aunque este enfoque funciona con cualquier patrón de secuencia, intervalo, tríada o arpegio.

Asegúrate de estar familiarizado con esta secuencia antes de seguir adelante.

Ahora que ya sabes cuál estructura melódica vas a estar practicando, pon la pista de acompañamiento 2 e idea un lick corto y simple para usar al comienzo de la rutina de práctica. Los licks pentatónicos son buenos en este punto. Para empezar, prueba la siguiente línea:

Ejemplo 5a:

Ahora ya sabes cómo vas a comenzar la rutina de práctica.

Sobre la pista de acompañamiento 2 toca el lick anterior y luego toca un *breve* fragmento de la secuencia melódica comenzando desde un tono de acorde. En este caso, la secuencia comienza desde la fundamental, do. Resuelve la línea de cualquier manera que te parezca apropiada.

Ejemplo 5b:

Como se puede ver, sólo una corta parte de la secuencia se ha utilizado y, si bien puede parecer un poco forzado en este momento, esta es la manera de llevar conscientemente los patrones de este tipo a tu interpretación.

Utiliza la misma línea un par de veces, pero encuentra diferentes maneras de resolverla antes de explorar la misma secuencia comenzando desde un punto diferente en la escala.

Ejemplo 5c:

Como se puede ver, hay un número casi ilimitado de lugares donde se puede empezar o terminar este tipo de secuencia. Tu colocación dependerá en gran medida del lick que utilices para iniciar la improvisación y de qué acordes están sonando en el fondo.

Trata de idear tu propio lick de inicio y de tocar con diferentes estilos de pistas de acompañamiento a la vez que sigues tocando la misma idea de secuencia melódica. Asegúrate de tocar en diferentes áreas del diapasón.

Sé organizado y metódico en tu práctica y quédate con una secuencia melódica durante unos días antes de pasar a la siguiente. De esta manera, encontrarás un montón de maneras para incorporar el patrón de manera natural a tu interpretación.

La siguiente etapa en el uso de estos patrones de manera creativa es experimentar con el *ritmo* de la secuencia melódica. No hay necesidad de tocar un solo ritmo en una secuencia y, al fragmentarla con notas más largas, entrenarás tus oídos para improvisar en torno a cualquier patrón melódico.

Tomando una idea similar a la del ejemplo 5b, nota cómo utilizo diferentes ritmos para dividir la frase:

Ejemplo 5d:

El ritmo de una secuencia o patrón melódico puede ser dividido de cualquier forma imaginable. Si sientes que el ritmo hace que varíes el patrón, sigue adelante. Recuerda que el objetivo de estas estructuras melódicas es enseñar a tus oídos a escuchar diferentes ideas musicales, no a quedarse atrapado en patrones.

La siguiente línea utiliza una variación imprevista, rítmicamente alterada de la secuencia, que luego se transforma en una idea totalmente nueva.

Ejemplo 5e:

Otra idea que puedes probar es *desplazar* la secuencia de modo que comience antes o después del golpe.

Ejemplo 5f: (antes)

Ejemplo 5g: (después)

Una técnica con la cual puedes experimentar es puntear más de una vez en ciertas notas en el patrón. Al hacer esto, naturalmente desplazarás y alterarás la secuencia, lo que lleva a algunas frases melódicas únicas.

Ejemplo 5h:

Una forma de crear ideas más elaboradas es combinar diferentes tipos de estructuras melódicas. Por ejemplo, podríamos mezclar la secuencia anterior con otra estructura, como 3ras.

Antes de continuar, asegúrate de que te sientes cómodo con el ejemplo 2a.

Ejemplo 5i:

Como último ejemplo, trata de añadir un salto melódico grande al final de cualquier secuencia de escala. Esta es sólo una de millones de posibilidades.

Ejemplo 5j:

Hay muchos otros enfoques que puedes tomar para explorar estas ideas de forma creativa, pero las ideas de este capítulo deberían darte un buen punto de partida. Éstas se pueden aplicar a cualquier patrón de escala, intervalo, tríada o arpegio de los cuatro capítulos anteriores.

La clave es tener un punto de partida definido y sólo introducir un pequeño fragmento de una secuencia melódica a la vez. Explora estas ideas comenzando en cada nota de la escala.

Capítulo 6: Aplicación a otras escalas

Hasta ahora, este libro se ha centrado en la construcción de patrones melódicos y destreza en el diapasón utilizando las cinco formas de la escala *mayor*. Sin embargo, hay otras dos escalas "madre" de siete notas de las que se derivan diferentes modos. Las escalas madre modales más importantes son la escala menor melódica y la escala menor armónica.

Puede sonar desalentador pensar en otro conjunto de siete modos para cada una de las escalas menor melódica y armónica, pero afortunadamente sólo unos pocos de estos modos son de uso común fuera del jazz o fusión modernos. Por supuesto, si la fusión es tu estilo preferido, los modos de estas escalas pueden interesarte. Hay algunos libros muy buenos sobre la teoría menor melódica y te animo a explorar estos interesantes sonidos en un entorno creativo.

Aunque es probable que sólo utilices las escalas madre y algunos pocos de sus modos, es esencial dominar estas formas por todo el diapasón, tal como lo hiciste con las formas de escala mayor. Una vez más, los siete modos de la escala menor melódica se derivan de la escala menor melódica y lo mismo ocurre con la escala menor armónica. Al igual que con la escala Mayor, hay cinco patrones de escala que aprender para cada escala menor. Vas a aprender a utilizar estas formas para crear diferentes modos en la *Segunda parte*.

También es muy importante explorar la escala Pentatónica Menor, ya que es la escala más utilizada en el blues moderno, el pop y el rock. Si bien no forma modos tradicionales, muchos intérpretes a menudo sólo se sienten cómodos en sólo una o dos de sus posiciones. Los enfoques de los capítulos anteriores se pueden adaptar fácilmente para ajustarse a la escala Pentatónica Menor, especialmente las ideas secuenciales y de intervalos.

Formas de escala pentatónica menor

Vamos a empezar por la exploración de la escala pentatónica menor y veremos cómo podemos utilizar los enfoques anteriores para llegar a conocerla mejor. Ya que la escala pentatónica menor contiene sólo cinco notas, tenemos que pensar un poco diferente cuando se utilizan estos enfoques, aunque con las escalas menores melódica y armónica de siete notas, los conceptos anteriores se pueden aplicar directamente.

En la tonalidad de do (C), las cinco formas de escala pentatónica menor son las siguientes:

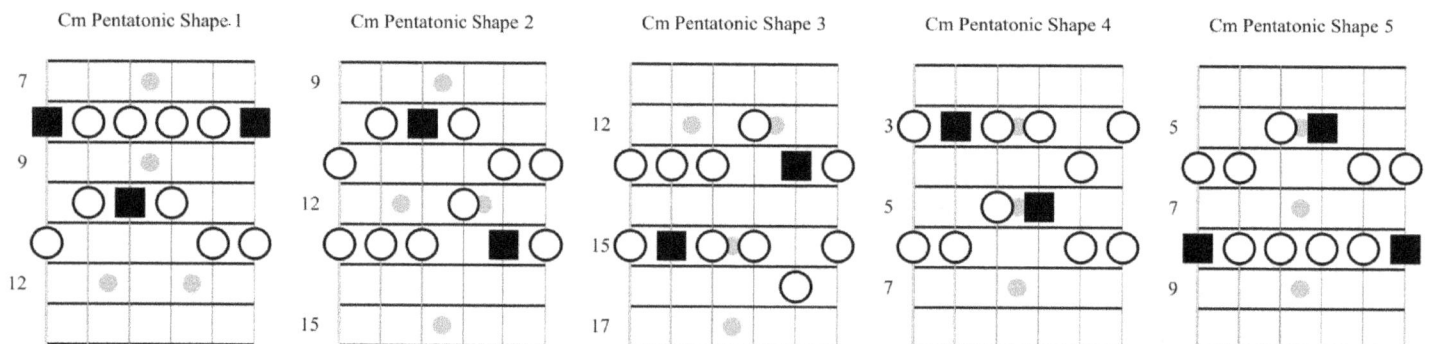

Cm Pentatonic Shape 1   Cm Pentatonic Shape 2   Cm Pentatonic Shape 3   Cm Pentatonic Shape 4   Cm Pentatonic Shape 5

Al juntarlas en el diapasón, la escala pentatónica menor en do (C) luce así:

Cm Pentatonic

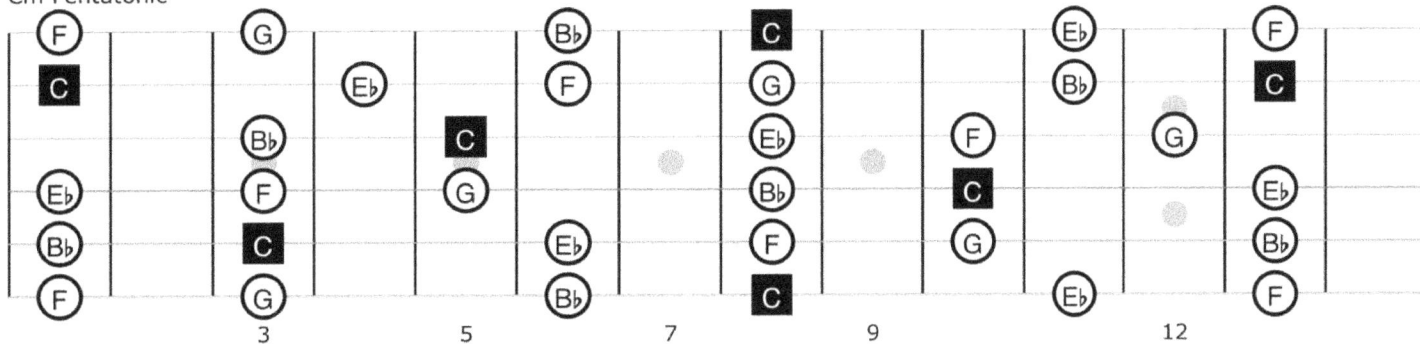

La escala pentatónica menor no contiene una 2da o una 6ta: su fórmula es 1 b3 4 5 b7.

Debido a que estas escalas no tienen siete notas, las estructuras de tríada y arpegio son difíciles. Sin embargo, son muy adecuadas para secuencias melódicas y enfoques de intervalos, aunque con una gama algo reducida de posibilidades.

Las siguientes ideas son las más útiles en cuanto a secuencias de escala e intervalos para explorar con la escala pentatónica menor. Todas están escritas como corcheas pares, pero también deberías experimentar tocándolas como tresillo para crear sensaciones de 4 contra 3 como las que aprendiste en los capítulos anteriores.

Comienza usando las siguientes ideas con sólo la primera posición de la escala pentatónica menor de do (C) antes de aplicarlas a las otras cuatro formas. El siguiente programa te ayudará a organizar tu práctica:

Patrón	Día 1	Día 2	Día 3	Día 4	Día 5	Día 6	Día 7
A*	♫@60	♫@80	♫@100	♫♫@50	♫♫@75	♫♫@90	♫♫@100
B*	♫@60	♫@80	♫@100	♫♫@50	♫♫@75	♫♫@90	♫♫@100
C	♫@60	♫@80	♫@100	♫♫@50	♫♫@75	♫♫@90	♫♫@100
D*	♫@60	♫@80	♫@100	♫♫@50	♫♫@75	♫♫@90	♫♫@100
E*	♫@60	♫@80	♫@100	♫♫@50	♫♫@75	♫♫@90	♫♫@100
F	♫@60	♫@80	♫@100	♫♫@50	♫♫@75	♫♫@90	♫♫@100
G*	♪³@60	♪³@80	♪³@100	♪⁶@50	♪⁶@60	♪⁶@70	♪⁶@80
H	♪³@60	♪³@80	♪³@100	♪⁶@50	♪⁶@60	♪⁶@70	♪⁶@80
I*	♪³@60	♪³@80	♪³@100	♪⁶@50	♪⁶@60	♪⁶@70	♪⁶@80
J*	♫@60	♫@80	♫@100	♫♫@50	♫♫@75	♫♫@90	♫♫@100
K*	♫@60	♫@80	♫@100	♫♫@50	♫♫@75	♫♫@90	♫♫@100

Ejemplo 6a: (ascendente) *

Ejemplo 6b: (descendente) *

Ejemplo 6c: (tres arriba)

Ejemplo 6d: (patrón de rock)

Ejemplo 6e: (patrón de rock 2) *

Ejemplo 6f: (dentro fuera)

Ejemplo 6g: (tresillo) *

Ejemplo 6h: (dentro fuera)

Ejemplo 6i: (4 contra 3) *

Ejemplo 6j: (4tas) *

Ejemplo 6k: (ascendente luego descendente en 4tas) *

No olvides ser creativo con las ideas pentatónicas menores utilizando los enfoques del capítulo 5.

Formas de escala menor melódica

Todos los patrones de secuencias, intervalos, tríadas y arpegio que has aprendido con las formas de escala mayor se pueden aplicar a las escalas menores melódica y armónica.

Para ilustrar esto, voy a mostrar cómo aplicar una secuencia, un intervalo, una tríada y un patrón de arpegio de los capítulos anteriores a la forma 1 de la escala menor melódica.

Empieza por aprender a tocar la primera forma de la escala menor melódica:

Ejemplo 6l:

C M.Minor Shape 1

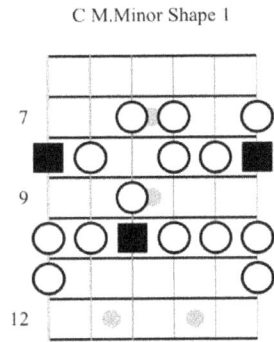

Ahora apliquemos el patrón de secuencia del ejemplo *1a* a la escala menor melódica. Para refrescar tu memoria, la secuencia en la escala mayor era la siguiente:

Si aplicamos la misma forma de secuencia a la escala menor melódica obtenemos:

Ejemplo 6m:

Como se puede ver y escuchar, la secuencia de cuatro notas ascendentes es la misma en ambos ejemplos, sin embargo las notas son diferentes debido a que la construcción de la escala es diferente. Los siguientes ejemplos muestran cómo usar las primeras secuencias de intervalo, tríada y arpegio de los capítulos anteriores con la escala menor melódica.

Debes aplicar el resto de los patrones de cada uno de esos capítulos por ti mismo utilizando los horarios de práctica de los capítulos anteriores para ayudarte a organizar tu método. Comienza aplicando las estructuras melódicas sólo a la forma 1 de la escala menor melódica, pero a medida que adquieras confianza, aprende las otras cuatro formas de escala y aplica las estructuras a cada forma a su vez. Estas se muestran en la siguiente página.

Ejemplo 6n: (3ras en la forma 1 menor melódica)

Ejemplo 6o: (tríadas en la forma 1 menor melódica)

Ejemplo 6p: (arpegios en la forma 1 menor melódica)

La digitación de la escala menor melódica es un poco más difícil que la escala mayor, pero puede ser de ayuda recordar que estas dos escalas son casi idénticas. Puedes ver a do (C) menor melódica como una escala de do (C) mayor con un b3.

Fórmula de do (C) mayor: 1 2 3 4 5 6 7

Fórmula de do (C) menor melódica: 1 2 b3 4 5 6 7

Puede ayudar si ves a la menor melódica como una escala mayor "ajustada" si estás teniendo problemas para recordar las formas de escala.

A medida que adquieras confianza con el patrón menor melódico en la forma 1, trata de aplicar todas las estructuras melódicas a las otras cuatro formas de la escala menor melódica.

Te será de ayuda aprender las siguientes formas de escala menor melódica en torno a los acordes "ancla" que se muestran en negro en los siguientes diagramas. Aprenderás mucho más sobre esto en la *Segunda parte* del libro.

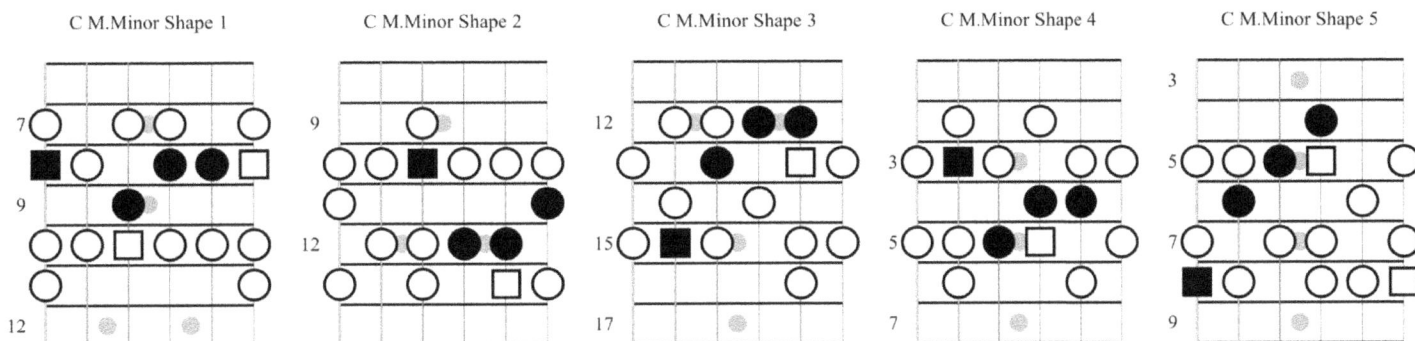

| C M.Minor Shape 1 | C M.Minor Shape 2 | C M.Minor Shape 3 | C M.Minor Shape 4 | C M.Minor Shape 5 |

Usa los horarios de práctica de los capítulos anteriores para ayudarte a organizar tu método.

Formas de escala menor armónica

Al igual que con la escala menor melódica, todos los patrones de los capítulos anteriores se pueden aplicar a la escala menor armónica.La forma 1 de la escala menor melódica de do (C) se puede tocar como sigue:

Ejemplo 6q:

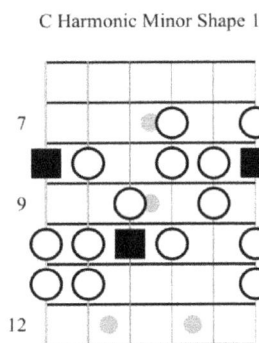

C Harmonic Minor Shape 1

Al igual que con la escala menor melódica, te voy a mostrar cómo aplicar las primeras ideas de los capítulos 1, 2 y 3 a la escala menor armónica.

Ejemplo 6r: (secuencia en menor armónica en la forma 1)

Ejemplo 6s: (3ras en menor armónica en la forma 1)

Ejemplo 6t: (tríadas en menor armónica en la forma 1)

Ejemplo 6u: (arpegios en menor armónica en la forma 1)

A medida que adquieras confianza con los patrones menores armónicos forma 1, trata de aplicar las ideas a las otras cuatro formas de la escala menor armónica.

Esto te ayudará a aprender las formas de escala menor armónica alrededor de los acordes "ancla" que se muestran en negro en los siguientes diagramas. Aprenderás mucho más sobre esto en la *Segunda parte* de este libro.

C Harmonic Minor Shape 1	C Harmonic Minor Shape 2	C Harmonic Minor Shape 3	C Harmonic Minor Shape 4	C Harmonic Minor Shape 5

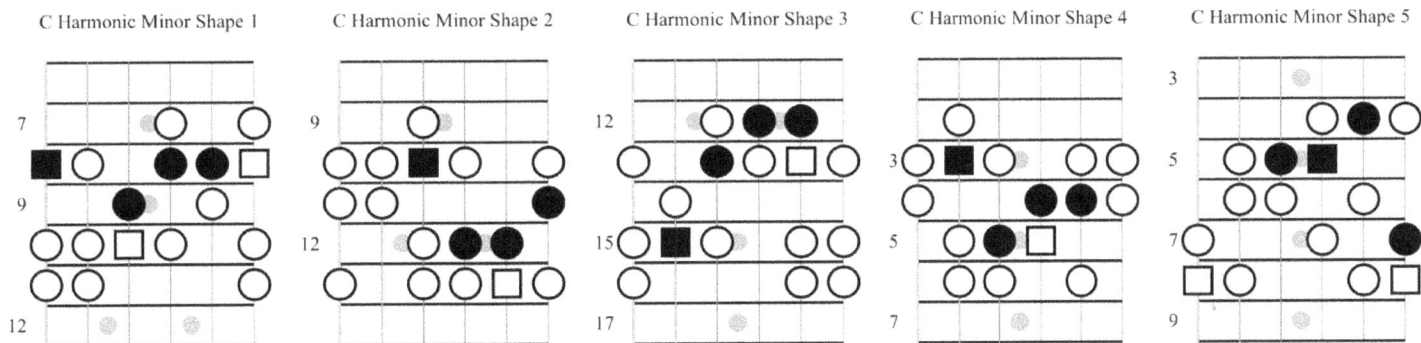

Usa los horarios de práctica de los capítulos anteriores para ayudarte a organizar tu método.

Esta sección del libro puede parecer bastante corta; sin embargo, aplicar todas las secuencias a todas las formas de escala tomará varias semanas. No hay prisa para dominar todo, así que asegúrate de combinar la práctica de estas ideas con otras áreas creativas y musicales, y con el enfoque del sistema CAGED de la *Segunda parte*.

Yo sugeriría pasar sólo unos 20 minutos al día en los patrones en este capítulo. Recuerda que el beneficio musical real proviene de la aplicación de estas ideas, no sólo de su aprendizaje.

Capítulo 7: Arpegios de 2 octavas

En el capítulo 4, cada escala se dividió en fragmentos de arpegio de cuatro notas que comenzaban en cada tono de la escala. Cada uno de los arpegios construidos sobre los tonos de la escala también pueden ser aislados y sus notas se pueden tocar sobre dos octavas.

Hay muchos posibles arpegios en la música, pero los cuatro más comunes son los arpegios de séptima mayor, séptima menor, séptima dominante y m7b5 (o "semi disminuida"). Debido a que estos tipos de arpegios se componen todos de estructuras de cuatro notas, nuevamente podemos aprender patrones melódicos en torno a un arpegio y luego aplicar esos patrones a los otros tres tipos de arpegio.

Al igual que con las escalas, hay cinco formas para cada arpegio, pero obtendrás el mayor beneficio al centrarte en la forma 1, para empezar, y usando esas ideas para hacer música antes de pasar a las otras cuatro formas de cada tipo de arpegio.

Empieza por aprender estos patrones melódicos útiles en torno a la forma 1 del arpegio de do (C) de séptima mayor antes de aplicar estos patrones a las otras cuatro formas de arpegio de séptima mayor y luego a los otros tipos de arpegio.

El arpegio de séptima mayor de la forma 1 se toca de la siguiente manera:

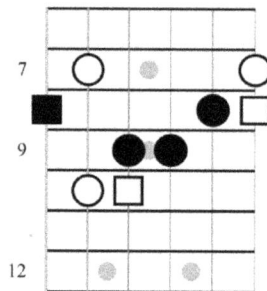

C Major 7 Shape 1

Observa que este ejemplo se compone únicamente de las primeras cuatro notas del ejemplo 4a. Sin embargo, en lugar de iniciar un nuevo arpegio de cuatro notas en la segunda nota de la escala (re), las cuatro notas se repiten en una octava más alta.

Hay muchas posibles secuencias melódicas que se pueden construir variando el orden de sólo estas cuatro notas. Los patrones de arpegio de dos octavas pueden ser técnicamente difíciles, pero éstos abren bastante tus oídos a algunas emocionantes formas musicales, al mismo tiempo que desarrollan una excelente visión y fluidez en la guitarra.

Las siguientes secuencias son las más útiles para empezar cuando se dominan los arpegios de cuatro notas sobre dos octavas.

Ejemplo 7a: *

Ejemplo 7b: *

Ejemplo 7c: *

Ejemplo 7d:

Ejemplo 7e:

Ejemplo 7f:

Ejemplo 7g:

Ejemplo 7h:

Aplica estos patrones melódicos a la forma 1 de cada tipo de arpegio (séptima mayor, séptima menor, séptima dominante y m7b5).

Así es como el ejemplo 7a se toca con la forma 1 de un arpegio de do (C) de séptima dominante:

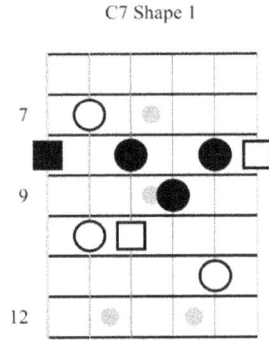

C7 Shape 1

Ejemplo 7i:

Trata de usar los patrones melódicos de los ejemplos 7a - 7h con el arpegio do7(C7) anterior antes de aprenderlos con la forma 1 de los arpegios de séptima menor (m7) y luego séptima menor b5 (m7b5) siguientes:

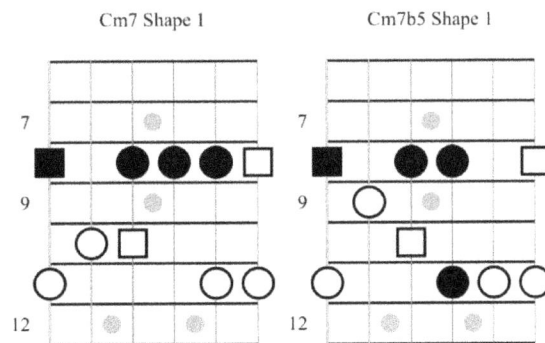

Cm7 Shape 1   Cm7b5 Shape 1

A medida que comiences a escuchar cómo suenan estos arpegios y desarrolles confianza con la forma 1 de cada arpegio, agrega las otras cuatro formas de cada arpegio a tu rutina de práctica. Comienza memorizando cada forma de arpegio ascendente y descendente y sólo aborda una calidad de arpegio cada semana. Por ejemplo, en la primera semana trabaja en todas las cinco formas de séptima mayor, a continuación, en la segunda semana, trabaja en todas las cinco formas de m7, etc.

No es necesario descuidar el estudio de la semana anterior ya que sólo debe tomar unos minutos recapitular los otros patrones de arpegio al final de tu rutina de práctica.

Las cinco formas para cada tipo de arpegio se muestran a continuación. Practícalas con sus pistas de acompañamiento para tener una idea de cómo funcionan esos sonidos en un contexto musical.

Arpegios de séptima mayor (pista de acompañamiento 3)

C Major 7 Shape 1　　C Major 7 Shape 2　　C Major 7 Shape 3　　C Major 7 Shape 4　　C Major 7 Shape 5

Arpegios de séptima dominante (pista de acompañamiento 4)

C7 Shape 1　　C7 Shape 2　　C7 Shape 3　　C7 Shape 4　　C7 Shape 5

Arpegios de séptima menor (pista de acompañamiento 5)

Cm7 Shape 1　　Cm7 Shape 2　　Cm7 Shape 3　　Cm7 Shape 4　　Cm7 Shape 5

Arpegios m7b5 (pista de acompañamiento 6)

Cm7b5 Shape 1   Cm7b5 Shape 2   Cm7b5 Shape 3   Cm7b5 Shape 4   Cm7b5 Shape 5

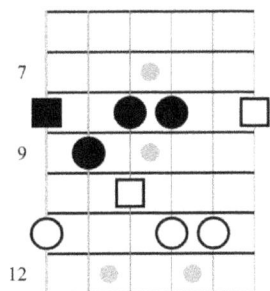 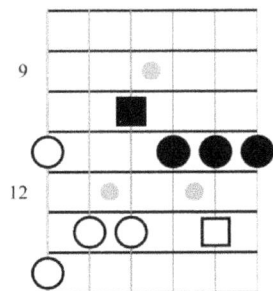 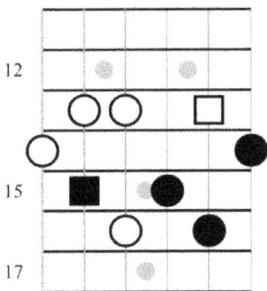 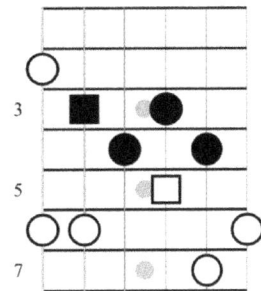 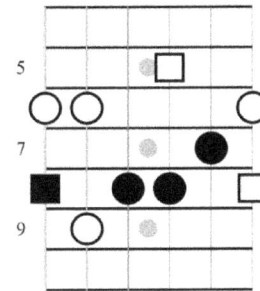

Capítulo 8: Tríadas de 2 octavas

Al igual que con los arpegios de cuatro notas, podemos estudiar las tríadas de tres notas en forma aislada. Hay cuatro tipos de tríadas: mayor, menor, disminuida y aumentada. Mientras que las tríadas disminuidas y aumentadas se utilizan poco, las tríadas mayores y menores son los enfoques más comunes, por lo que sugiero que te centres exclusivamente en éstas para empezar.

Los siguientes patrones melódicos se muestran en la primera posición de do (C) mayor. Apréndelos en esta posición antes de aplicarlos a los otros tipos de tríada en cinco posiciones.

C Major Triad Shape 1

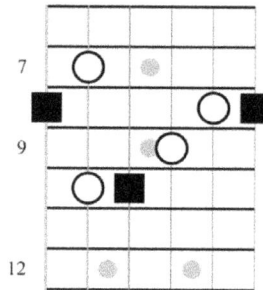

Ejemplo 8a:

Ejemplo 8b:

Ejemplo 8c:

Ejemplo 8d:

Ejemplo 8e:

Los cuatro tipos de tríadas se pueden tocar en cinco posiciones de la siguiente manera:

Tríadas mayores

C Major Triad Shape 1 · C Major Triad Shape 2 · C Major Triad Shape 3 · C Major Triad Shape 4 · C Major Triad Shape 5

Tríadas menores

C Minor Triad Shape 1 · C Minor Triad Shape 2 · C Minor Triad Shape 3 · C Minor Triad Shape 4 · C Minor Triad Shape 5

Tríadas disminuidas

C Diminished Triad Shape 1 · C Diminished Triad Shape 2 · C Diminished Triad Shape 3 · C Diminished Triad Shape 4 · C Diminished Triad Shape 5

Tríadas aumentadas

C Augmented Triad Shape 1 · C Augmented Triad Shape 2 · C Augmented Triad Shape 3 · C Augmented Triad Shape 4 · C Augmented Triad Shape 5

Segunda parte: Escalas, posiciones y tonalidades

Introducción a la segunda parte

En esta sección aprenderás a tocar cualquier escala o modo común en cualquier tonalidad, en cualquier parte del diapasón, utilizando un método muy simple llamado el "sistema CAGED".

El sistema CAGED funciona mediante la asignación de un acorde "ancla" fácil de recordar para cada escala, lo que te permite visualizar fácilmente la escala o modo construido en torno a ésta. El acorde ancla también describe el espíritu de cada modo por lo que al tocar el acorde, puedes escuchar las calidades musicales fundamentales de cada escala. Por ejemplo, construimos la escala mayor en torno a un acorde mayor, pero construimos el modo dórico en torno a un acorde de séptima menor.

Como se señaló anteriormente, podemos utilizar las *mismas* cinco formas de escala para tocar *cualquier* modo. Lo único que cambia es el acorde alrededor del cual visualizamos la escala y *cuándo* usamos la escala musicalmente.

El diapasón de la guitarra está organizado en cinco posiciones diferentes y hay cinco formas diferentes para cada escala madre. Para lograr aplicar las cinco formas de cada escala en las cinco posiciones del diapasón, practicamos ejercicios en cinco diferentes tonalidades: una tonalidad por cada forma.

Mediante el uso de cinco tonalidades diferentes podemos "limitar" la mano del diapasón a un área de la guitarra y usar cada una de las cinco formas para tocar la escala en una tonalidad distinta. ¡Esta es una manera fantástica de aprender e interiorizar cualquier escala, y de hacer un poco de gimnasia mental!

Esto puede parecer confuso al principio, pero no te preocupes. De a poco serás llevado a través de este proceso paso a paso. Una vez que hayas aprendido este proceso con una escala en una posición de la guitarra, será sencillo transferir este proceso a cualquier escala, en cualquier posición del diapasón. A medida que te familiarizas con las notas del diapasón, se vuelve extremadamente fácil mover el acorde ancla a otra tonalidad, y de inmediato construir la escala o modo correcto en torno a éste.

Este método es mucho más fácil cuando sabes las notas de las tres cuerdas graves de la guitarra, así que pasa un tiempo trabajando en las tres páginas siguientes antes de iniciar con el capítulo 10. Todo lo que necesitas está recapitulado en cada sección, pero dedicar un poco de trabajo aquí, sin duda te facilitará el viaje.

Capítulo 9: Reconocimiento del diapasón

Para ser capaz de tocar una escala en cualquier tonalidad, es esencial saber dónde están las notas fundamentales de esa escala en el diapasón de la guitarra. Con el sistema de este libro sólo necesitas conocer las notas en las tres cuerdas graves, pero te recomiendo mucho que te aprendas todo el diapasón de forma fluida. Las notas que necesitas se repasarán en la siguiente sección, pero trabajando en este capítulo tendrás una excelente preparación para lo que viene después.

Veamos algunos patrones muy útiles que nos pueden ayudar a determinar rápidamente el nombre y la ubicación de *cualquier* nota sobre el diapasón.

Los patrones de *octava* son formas consistentes que nos dicen con seguridad cómo localizar las notas con el mismo nombre en la guitarra. Lo primero que hay que aprender es la ubicación de las notas en las cuerdas 6ta y 5ta:

Notas sobre la 6ta cuerda:

Notes on the 6th String

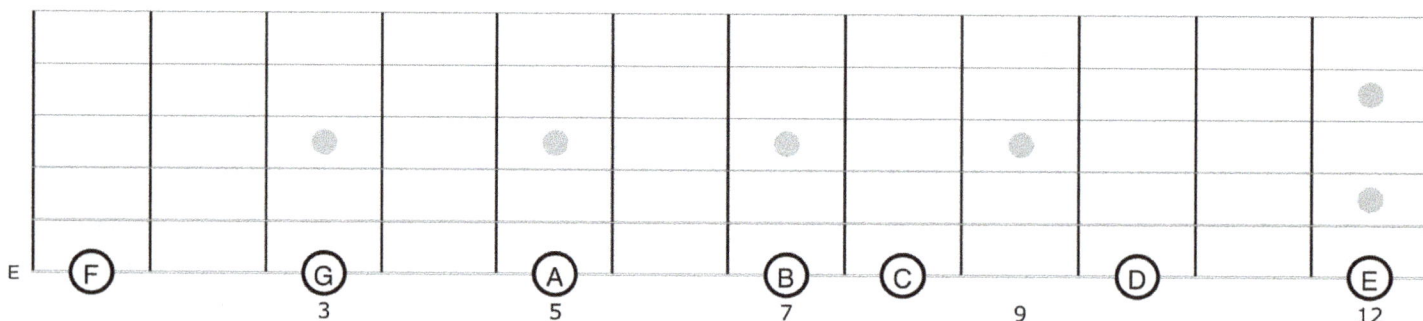

Notas sobre la 5ta cuerda:

Notes on the 5th String

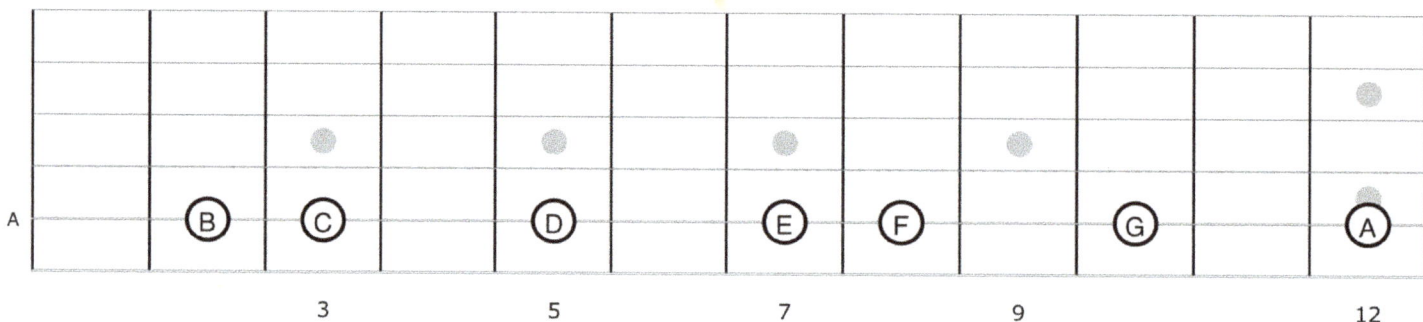

Si ya utilizas acordes con cejilla en tu interpretación, puede que estés familiarizado con las ubicaciones de estas notas.

Recuerda que cada nota se puede ajustar para convertirse en un sostenido (#) o un bemol (b) desplazándose hacia arriba o hacia abajo por un semitono. Por ejemplo, Mib(Eb) y Re#(D#) están ubicados tanto en la 5ta cuerda, 6to traste; como en la 6ta cuerda, 11vo traste.

Podemos utilizar formas simples para encontrar *las mismas notas en las octavas más altas.*

Las octavas se tocan entre las cuerdas 6ta y 4ta o entre las cuerdas 5ta y 3ra de la siguiente manera:

Octave Pattern 6th to 4th String and 5th to 3rd String

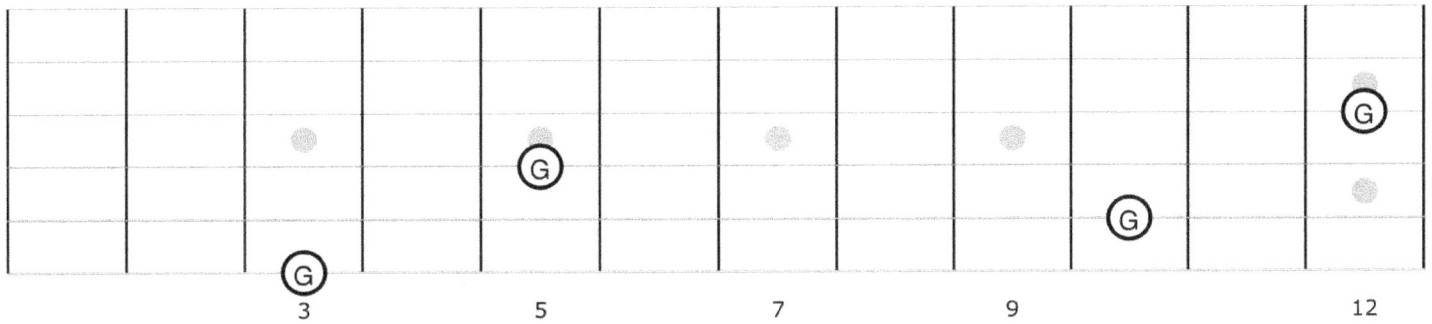

Para tocar la misma nota una octava más alta siempre te desplazas *a través* de dos cuerdas y dos trastes *hacia arriba.*

Con esta información puedes averiguar rápidamente todas las notas en las cuerdas 4ta y 3ra.

También puedes tocar una octava saltándote *dos* cuerdas. Aquí está el patrón de octava entre las cuerdas 6ta y 3ra:

Octave Pattern 6th to 3rd String

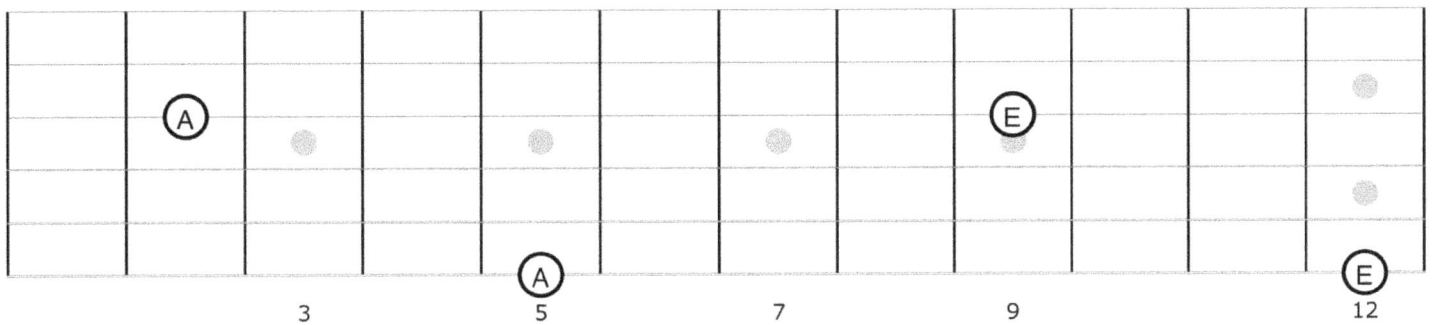

Si conoces la nota en la 6ta cuerda, puedes localizar la misma nota una octava más alta en la 3ra cuerda moviéndote *a través* de tres cuerdas y tres trastes *hacia abajo.*

Hay un patrón similar, pero ligeramente diferente entre la 5ta y 2da cuerdas. Debido a las particularidades de la afinación entre las cuerdas 3ra y 2da en la guitarra, el patrón se modifica ligeramente:

Octave Pattern 5th to 2nd String

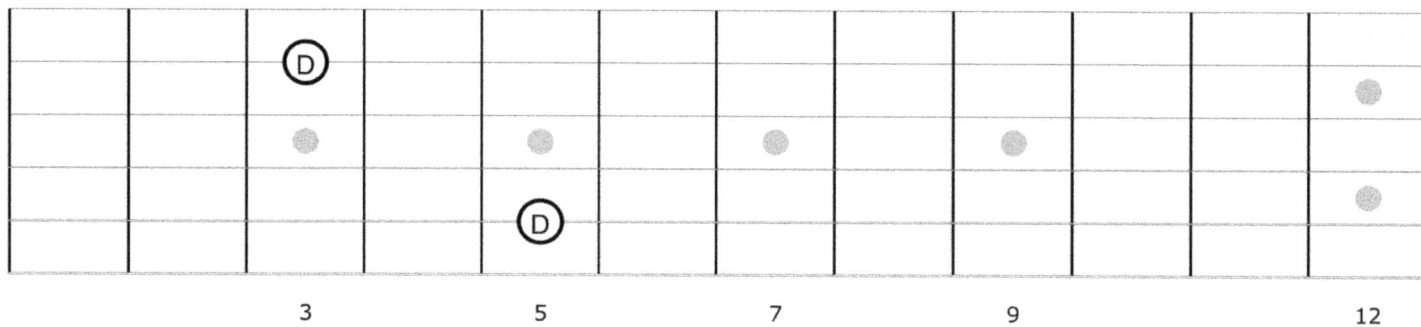

Si conoces el nombre de una nota en la 5ta cuerda, puedes localizar la misma nota una octava más alta en la 2da cuerda saltando *a través* de tres cuerdas y dos trastes *hacia abajo*.

Entre las cuerdas 4ta y 2da, una forma de octava siempre va a tener este aspecto:

Octave Pattern 4th to 2nd String

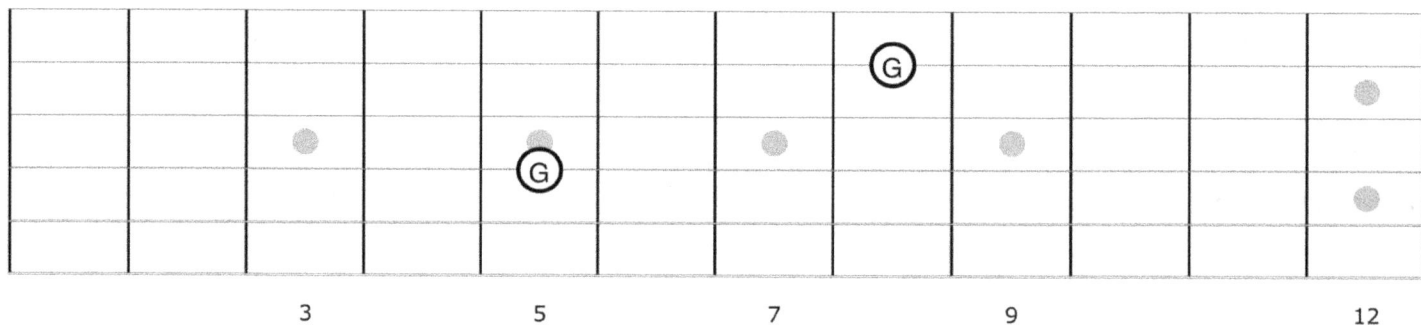

Esto es idéntico al patrón de octava entre las cuerdas 3ra y 1ra:

Octave Pattern 3rd to 1st String

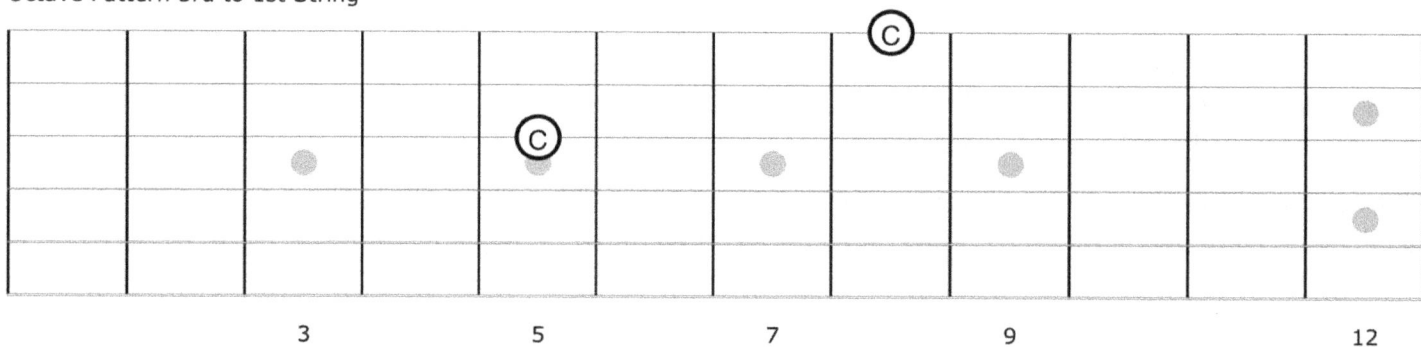

Por último, es posible que ya sepas que las notas de la 1ra cuerda son idénticas a las notas de la 6ta cuerda, sólo que dos octavas más altas:

Two Octave Pattern

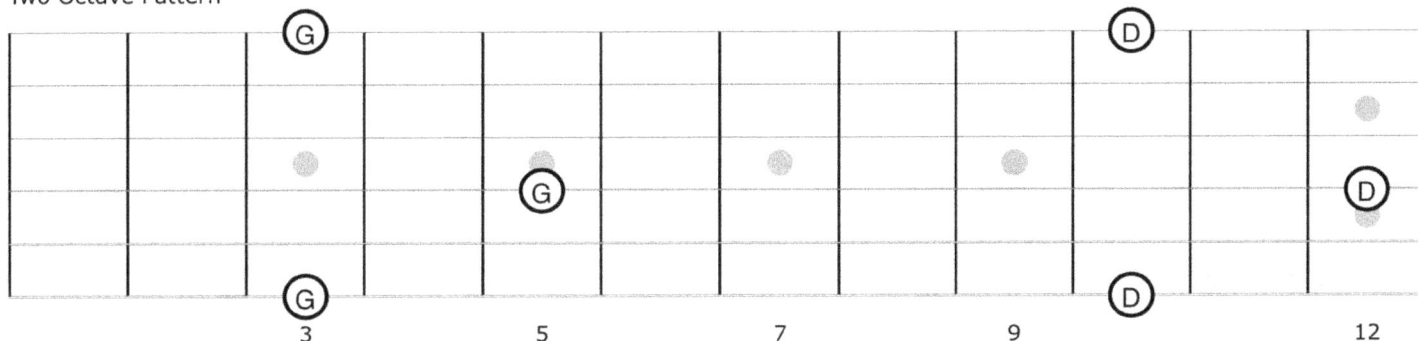

Una parte esencial del aprendizaje del diapasón es desarrollar una recordación *instantánea* de estos patrones. Con la práctica, el diapasón parece hacerse más pequeño y se necesita cada vez menos tiempo para tocar una frase musical.

Un juego divertido es decir el nombre de una nota en voz alta y luego tratar de encontrar rápidamente *todas* las ubicaciones posibles de esa nota en el diapasón. No olvides intentar esto con notas sostenidas y bemoles también.

En los siguientes capítulos, vas a hacer mucha práctica *posicional* en las tonalidades de la(A), do (C), re(D), fa(F) y sol(G), y es fundamental conocer las ubicaciones de estas notas.

Capítulo 10: El sistema CAGED con la escala mayor

En la *Primera parte* trabajamos sólo en la tonalidad de do (C), y aprendimos las cinco posiciones de la escala de do mayor de la siguiente manera:

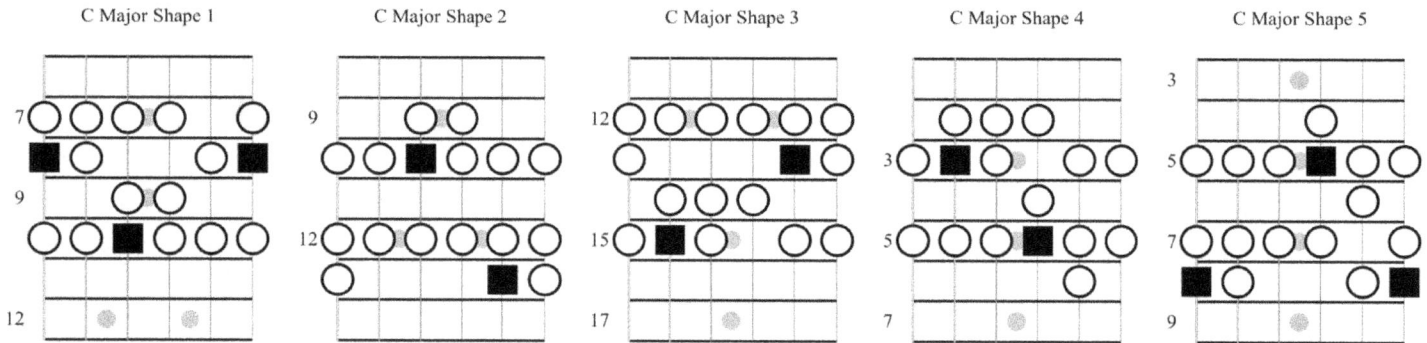

Nos ocupamos sólo de dónde yacía la nota fundamental (do) con el fin de tocar en la tonalidad correcta.

En la *Segunda parte*, vamos a aprender a tocar al instante cualquiera de estas formas en *cualquier* tonalidad, en cualquier parte del diapasón. Por ejemplo, si quieres tocar una escala de la (A) mayor entre el segundo y quinto trastes, ¿cómo sabrías rápidamente qué forma de la escala utilizar?

Primero necesitamos saber dónde se encuentra la nota fundamental (la) en esa ubicación.

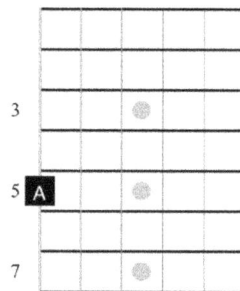

Luego tenemos que encontrar la forma de la escala mayor que se alinea con la nota fundamental, manteniendo la mano en esta posición. Con un poco de investigación de los patrones anteriores, encontrarás que es la forma 5:

A Major Shape 5

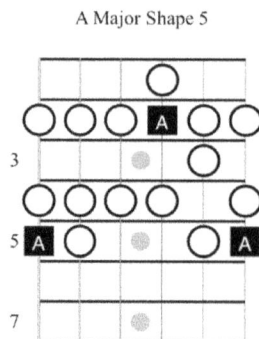

Hemos traspuesto (desplazado) la posición 5 de la escala de do mayor hacia abajo en el diapasón, de modo que la nueva nota fundamental es la. Este es el mismo proceso que se utiliza cuando se mueve un acorde con cejilla en el diapasón.

Este proceso es un poco lento y nos obliga a pensar en muchas cosas diferentes. Si se multiplica este proceso por todas las escalas y modos en todas las doce tonalidades, se obtiene una idea de lo complejo que podría ser. Los músicos tienden a no pensar así, porque este tipo de proceso lento y paso a paso se interpone en el camino de la creatividad y la espontaneidad.

No queremos preocuparnos por cómo localizar notas de la escala; simplemente queremos hacer música.

La respuesta a este problema es desarrollar un sistema rápido que funcione con cualquier escala, en cualquier tonalidad, en cualquier parte del diapasón. Para utilizar este sistema es necesario:

- Saber dónde están las notas fundamentales en el diapasón (al menos en las tres cuerdas graves)

- Aprender la forma de escala en torno a un acorde con cejilla fácil de recordar

Moviendo acordes con cejilla hacia adelante y atrás en el diapasón podemos acceder a cualquier acorde. Vinculando estas formas de acordes con cejilla a las escalas, podemos acceder a cualquier escala.

Otra ventaja de este sistema es que las formas de acordes con cejilla ayudan a definir el sonido y la sensación de cada modo y nos ayudan a vincular ideas musicales y licks a estos acordes. Por ejemplo, el modo dórico se toca normalmente sobre acordes de séptima menor "relajados", entonces aprendemos dórico con acordes de séptima menor con cejilla como anclas. Al hacer esto, entrenamos nuestros oídos para vincular el sonido del acorde con el estado de ánimo de la escala.

Para empezar, vamos a echar un vistazo a las formas de escala mayor nuevamente, pero esta vez vamos a construirlas alrededor acordes mayores con cejilla.

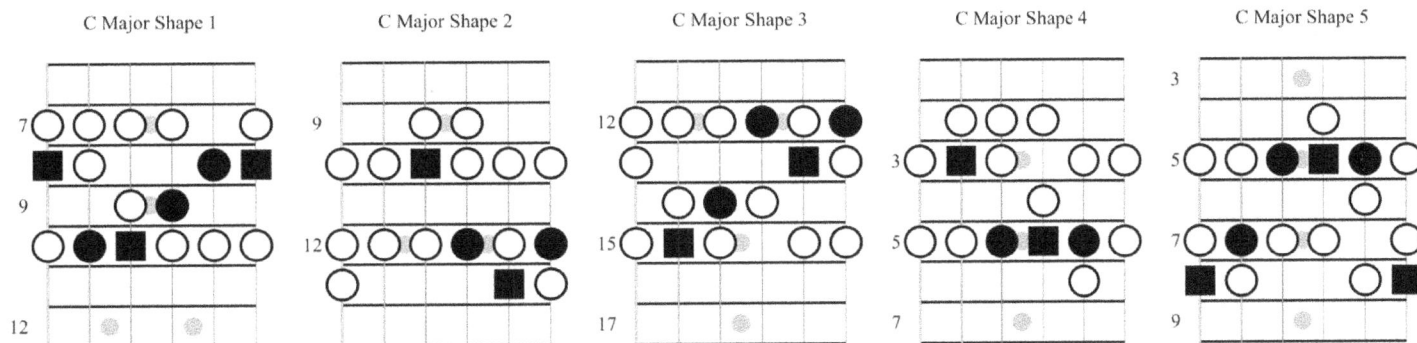

C Major Shape 1   C Major Shape 2   C Major Shape 3   C Major Shape 4   C Major Shape 5

Los marcadores vacíos muestran las notas de la escala y los marcadores negros muestran diferentes formas de acorde con cejilla del acorde de do mayor. Verás que estas formas de acordes son versiones de acorde con cejilla de algunos de los primeros acordes que aprendiste en la guitarra, mi, re, do, la y sol (E, D, C, A, G). Reorganizando estas notas se da lugar al nombre de "el sistema CAGED".

Para memorizar las formas de escala junto con los acordes:

- Toca el acorde ancla con cejilla y di el nombre del acorde en voz alta

- Asciende y desciende a través de la forma de escala

- Toca el acorde ancla con cejilla y di el nombre del acorde en voz alta

- Repite estos pasos, pero toca la escala desde la nota *más alta* y desciende, luego asciende

- Por último, *visualiza* (pero no toques) la forma del acorde a medida que tocas la escala ascendiendo y descendiendo, luego, descendiendo y ascendiendo

A veces es más fácil *no* tocar cada nota en cada acorde ancla (por ejemplo, las posiciones 2 y 5); sin embargo, asegúrate de visualizar muy bien la fundamental de cada forma de acorde, especialmente en la posición 5 cuando es posible que sea omitida.

Ejemplo 10a: (pista de acompañamiento 3)

Repite este ejercicio, pero desciende y luego asciende en cada escala después de tocar cada acorde ancla.

A continuación, intenta vincular cada posición de escala en conjunto, de bajo a alto, como se muestra.

Ejemplo 10b:

Ten cuidado de seguir las ubicaciones de la tablatura y cambiar entre las cinco posiciones en el momento correcto.

También puedes tocar el ejemplo 10b hacia atrás y descender por el diapasón. Aprende a hacer esto sin mirar la notación.

La siguiente etapa es aprender a utilizar todas las cinco formas de escala para tocar la escala mayor en *diferentes tonalidades* en la misma posición del diapasón. La idea es utilizar una de las cinco formas de escala mayores para cada tonalidad y tocar a través de cinco tonalidades diferentes.

Los centros tonales que vamos a utilizar para este ejercicio son la (A), do (C), re (D), fa (F) y sol (G) mayores. Estas tonalidades se pueden tocar todas en la misma posición en el diapasón utilizando las cinco formas de escala mayor. Siempre tocamos los centros tonales en este orden: la (A), do (C), re (D), fa(F) y luego sol (G).

Lo primero que debes hacer es aprender dónde se encuentra la nota fundamental de cada tonalidad en el diapasón. Vamos a empezar en la mitad del diapasón entre los trastes 5to y 8vo.

Las notas la (A), do (C), re (D), fa (F) y sol (G) están aquí en el diapasón:

5th to 8th fret

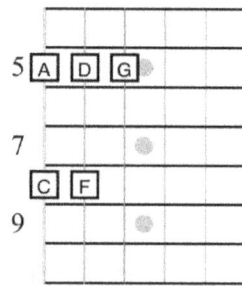

¿Cuál forma de escala mayor tenemos que utilizar para tocar la escala de la (A) mayor en esta posición? Vuelve a la página 64 y mira qué diagrama de escala contiene una forma de acorde con cejilla que se alinea fácilmente con la nota la (A) en el diagrama anterior.

¿Puedes ver que la forma 1 contiene una forma de acorde con cejilla mayor que se alinea con la nota fundamental la (A)? Aquí está la forma 1 de la forma de escala mayor en la tonalidad de la (A):

A Major (Shape 1)

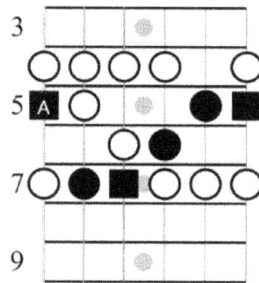

Toca el acorde con cejilla de la (A) mayor y luego toca la escala la (A) mayor completa. Inicia en la nota más grave de la forma, no en la nota fundamental.

Ejemplo 10c:

La siguiente tonalidad en la secuencia es do (C) mayor.

La nota do (C) se encuentra en el 8vo traste en la 6ta cuerda. ¿Cuál forma de acorde con cejilla de la página 64 alinea su fundamental con la nota do (C)?

Si te fijas bien, verás que la *forma 5* es el único acorde posible que tiene una fundamental en el lugar correcto cuando tu mano está limitada al área de los trastes 5to al 8vo.

C Major (Shape 5)

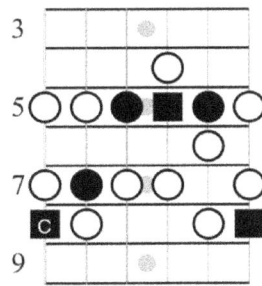

Toca el acorde con cejilla de do(C) mayor y luego toca la escala completa comenzando en la nota más grave.

Ejemplo 10d:

La siguiente tonalidad en la secuencia es re (D) mayor. La nota re (D) se encuentra en el 5to traste de la 5ta cuerda. Podrías usar la forma 4 para tocar la escala de re (D) mayor en esta posición.

D Major (Shape 4)

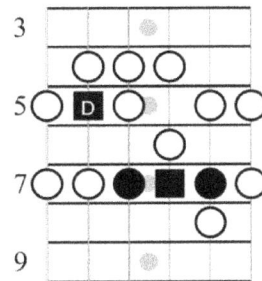

Toca el acorde con cejilla de re (D) mayor y luego toca la escala completa.

Ejemplo 10e:

Avanzando en la secuencia de centros tonales está fa (F) mayor. En esta posición, la escala de fa (F) mayor se toca con la forma 3.

F Major (Shape 3)

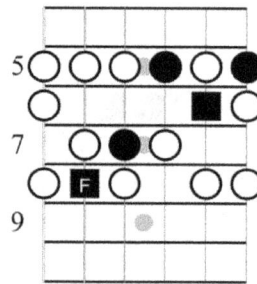

Repite el proceso de tocar acorde - escala - acorde.

Ejemplo 10f:

El último centro tonal de la secuencia es sol (G) mayor. La fundamental de sol (G) es un poco más difícil de ver ya que está en la 4ta cuerda. En esta posición se accede a la escala de sol (G) mayor usando la forma 2.

G Major (Shape 2)

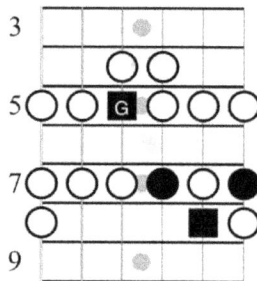

Ejemplo 10g:

Intenta cerrar el libro y tocar las escalas de la (A), do (C), re (D), fa (F) y sol (G) mayor en orden y de memoria. Comienza tocando el acorde ancla y luego asciende y desciende cada forma de escala mayor.

Ejemplo 10h: (pista de acompañamiento 7)

La siguiente etapa es tocar los centros tonales de escala mayor de la (A), do (C), re (D), fa (F) y sol (G) de nuevo, pero esta vez *sin* tocar los acordes. Visualiza los acordes en tu mente y di el nombre de cada escala en voz alta mientras la tocas.

Ejemplo 10i: (pista de acompañamiento 8)

Por último, asciende en una forma y luego desciende en la siguiente.

Ejemplo 10j: (pista de acompañamiento 9)

Capítulo 11: Todas las posiciones del diapasón

Hemos cubierto las cinco posiciones de la escala mayor y hemos creado fuertes vínculos mentales entre el acorde ancla y la forma de escala. Ahora es el momento de hacer accesible el diapasón moviendo el ejercicio la do re fa sol (ACDFG) a diferentes posiciones.

Si hiciste el trabajo duro en el capítulo anterior, esta sección debería ser relativamente sencilla. Cuando los estudiantes tienen dificultades, normalmente es porque no saben dónde están las notas fundamentales en el diapasón. Una vez que puedas localizar fácilmente las notas fundamentales, el proceso será simple:

- Encontrar la nota fundamental
- Alinear la fundamental de la forma de acorde correcta con la nota tónica
- Visualizar y tocar la escala

Pasa ahora a una posición diferente y toca el ejercicio la do re fa sol (ACDFG) en el rango de los trastes 7mo al 10mo. Aquí están las notas fundamentales de cada escala:

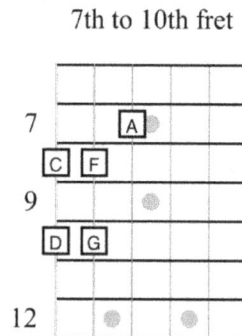

7th to 10th fret

En esta posición, la nota la (A) se encuentra en la 4ta cuerda. Deberías ser capaz de ver rápidamente que esta posición se alinea con la forma 2 de la escala mayor:

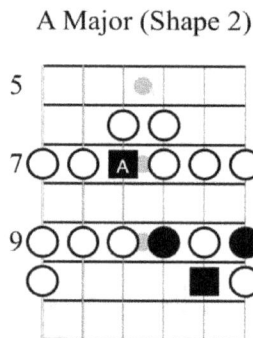

A Major (Shape 2)

Repite el procedimiento utilizado en el capítulo anterior. Toca el acorde ancla, asciende y desciende la escala desde la nota más grave hasta la más alta y luego toca el acorde ancla de nuevo.

Repite este proceso para las tonalidades restantes individualmente antes de juntar los cinco centros tonales como se hizo antes.

Para empezar, aquí están los gráficos de escala para las cinco tonalidades en esta posición. Asegúrate de entender cómo cada forma de escala tiene un acorde ancla asociado que está alineado con la nota fundamental de la tonalidad que quieres tocar.

A Major (Shape 2) C Major (Shape 1) D Major (Shape 5) F Major (Shape 4) G Major (Shape 3)

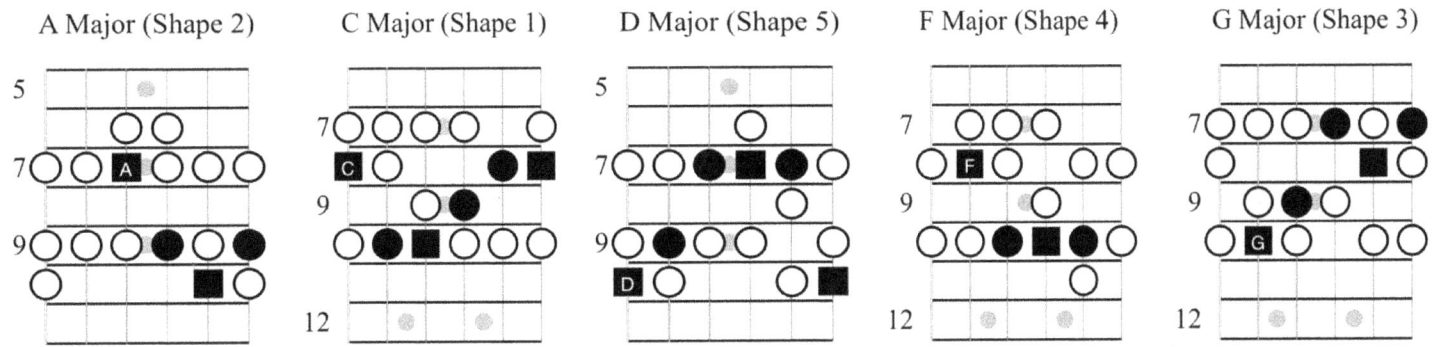

Toca los siguientes ejercicios utilizando las formas de escala en el rango de los trastes 7mo al 10mo.

En orden la (A), do (C), re (D), fa (F) y luego sol (G) mayor

- Toca el acorde, asciende y desciende la escala, toca el acorde. Di los nombres de los acordes en voz alta

- Toca el acorde, desciende y luego asciende la escala, toca el acorde. Di los nombres de los acordes en voz alta

- *Visualiza* el acorde, asciende y desciende cada escala

- *Visualiza* el acorde, desciende y luego asciende cada escala

- Asciende en una forma y luego desciende en la siguiente, por ejemplo, asciende en la (A) mayor, desciende en do (C) mayor, etc.

- Desciende en una forma y luego asciende en la siguiente, por ejemplo, desciende en la (A) mayor, asciende en do (C) mayor, etc.

Trabaja con un metrónomo para asegurar que tu ritmo es consistente (sobre todo al cambiar de acordes) antes de aumentar gradualmente tu velocidad.

Encontrarás que te toma cada vez menos tiempo utilizar estas formas en nuevas posiciones. Tan pronto como te sientas cómodo con la ubicación de las notas fundamentales en el diapasón serás capaz de ver rápidamente el acorde correspondiente y al instante construir la escala a su alrededor.

Cada pocos días, haz los ejercicios la do re fa sol (ACDFG) anteriores en una nueva posición en el diapasón. Hay cinco posiciones en el diapasón y las notas fundamentales se encuentran dispuestas de la siguiente manera:

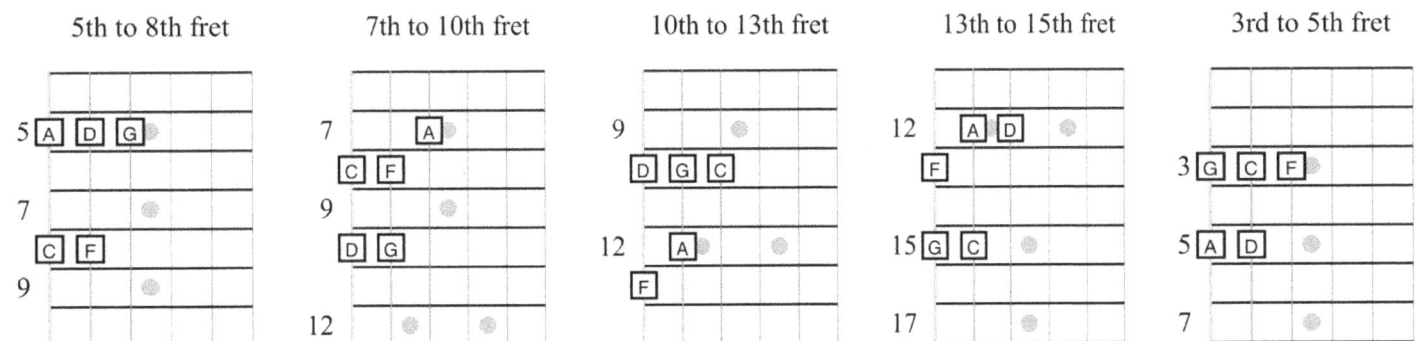

5th to 8th fret   7th to 10th fret   10th to 13th fret   13th to 15th fret   3rd to 5th fret

Te puede tomar algún tiempo trabajar con todas las cinco posiciones en el diapasón, pero pronto serás capaz de tocar rápidamente todas las escalas en todas las tonalidades cada día. Con el tiempo serás capaz de tocar todas las cinco tonalidades en las cinco posiciones en menos de dos minutos (semicorcheas a 90 bpm).

La etapa final en el proceso (después de que te sientas bastante seguro en las cinco posiciones en el diapasón) es ser capaz de trabajar en *cualquier* tonalidad. Hemos cubierto cinco de las tonalidades más comunes con la secuencia la do re fa sol (ACDFG), pero hay 12 tonalidades en la música.

Todo lo que necesitamos saber es dónde está la nota fundamental deseada en el diapasón y luego colocar el acorde ancla correcto allí. Aquí están las notas en las tres cuerdas graves de la guitarra.

Notes on the Bass Strings

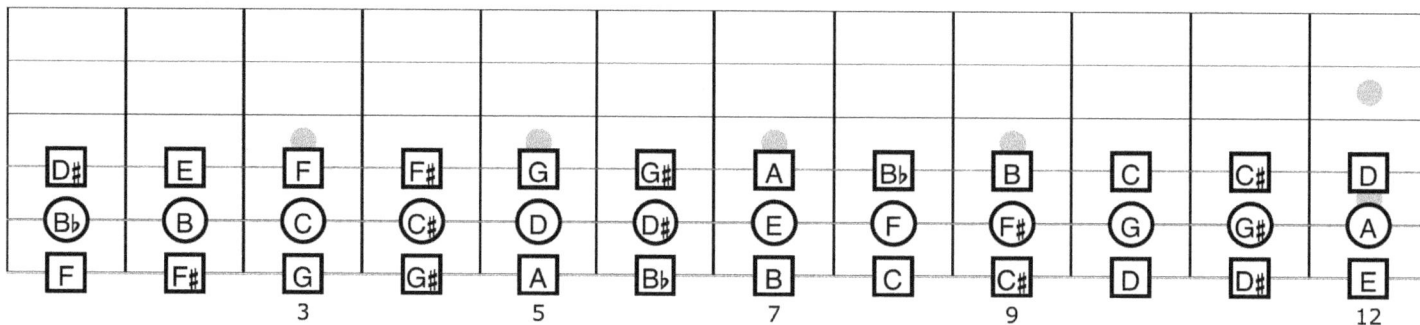

¡Evalúate! Respuestas abajo.[1]

1. ¿Qué forma de acorde/escala utilizarías si quisieras tocar si (B) mayor en el 2do traste?

2. ¿Qué forma de acorde/escala utilizarías si quisieras tocar sib (Bb) mayor entre los trastes 6to al 8vo?

3. ¿Qué forma de acorde/escala utilizarías si quisieras tocar mi (E) mayor y tu mano estuviera situada entre los trastes 5to y 7mo?

4. ¿Qué forma de acorde/escala utilizarías si quisieras tocar re# (D#) mayor y tu mano estuviera situada entre los trastes 5to y 7mo?

5. ¿Qué forma de escala utilizarías para tocar fa# (F#) mayor si tu mano estuviera situada en el rango de los trastes 3ro al 6to?

6. ¿Qué forma de escala utilizarías para tocar sol# (G#) mayor si tu mano estuviera situada en el rango de los trastes 1ro al 4to?

Lo más importante que puedes hacer ahora es aprender las notas de las tres cuerdas graves. Vuelve al capítulo 9 para obtener ayuda.

---

[1] 1) Forma 4. 2) Forma 1. 3) Forma 3. 4) Forma 4. 5) Forma 2. 6) Forma 5.

Capítulo 12: Aplicación a otras escalas

Todos los demás modos se pueden dominar usando acordes ancla al igual que con la escala mayor. Utilizamos las mismas cinco formas de escala mayor para tocar cada modo de escala mayor, pero vemos cada forma alrededor de un acorde ancla diferente.

Si tienes dificultades con el concepto de la construcción de los modos, deberías echar un vistazo a mi libro *Guía práctica de teoría de música moderna para guitarristas*.

El modo dórico se toca normalmente sobre un tipo de sonido m7 y crea un ambiente relajado y jazz. El dórico es el segundo modo de la escala mayor y su fórmula de intervalo es 1 2 b3 4 5 6 b7. Es importante saber que el modo dórico se crea empezando en la segunda nota de una escala mayor y tocando todas las notas de la escala mayor en secuencia.

Por ejemplo, si la escala "madre" es do (C) mayor (do re mi fa sol la si do - C D E F G A B C), el modo dórico comenzaría en la segunda nota de la escala (re (D)) y contiene todas las notas de do (C) mayor (re mi fa sol la si do re - D E F G A B C D).

Es importante saber que un modo de se deriva de una escala padre, pero los músicos casi nunca se refieren a ese origen. En cambio, vemos el modo Dórico como una escala independiente con su propia identidad, armonía y espíritu. Es simplemente una coincidencia que contenga las mismas notas que una escala mayor diferente.

Si tocas las notas re mi fa sol la si do re (D E F G A B C D) en tu guitarra, hay una gran probabilidad de que todavía la oigas como una escala de do (C) mayor, porque gran parte de la música popular y clásica ha sido creado usando las escalas mayores durante mucho tiempo. Has sido "entrenado" para escuchar estas notas resolviéndose en la tónica de la escala mayor (en este caso do) durante toda tu vida.

El uso de los modos tiene que ver con el contexto y esto se puede ver en los dos ejemplos siguientes.

En el primer ejemplo, las notas de re dórico se tocan descendiendo sobre un sonido de acorde de do mayor. Vas a escuchar las notas queriéndose resolver en la fundamental del acorde (do). En el segundo ejemplo, escucharás las mismas notas tocadas sobre un sonido de acorde de rem7 (Dm7). En este ejemplo escucharás que las notas se resuelven en la fundamental de re. Observa cómo el ambiente de la música es muy diferente entre estos dos ejemplos.

Ejemplo 12a:

Ejemplo 12b:

Los modos son un tema extenso y este libro asume que tienes un poco de experiencia y comprensión de su uso. Si tienes alguna pregunta, por favor, echa un vistazo a *Escalas de guitarra en contexto* y a *Guía práctica de teoría de música moderna para guitarristas*, para obtener instrucción específica sobre todos los modos y cómo se usan.

Como ya escuchaste en los ejemplos anteriores, la forma en que percibimos el mismo conjunto de notas depende en gran medida del contexto en el que se escuchan. Las mismas notas pueden tener un ambiente muy diferente cuando se escuchan sobre dos acordes diferentes, incluso en los sencillos ejemplos anteriores.

Lo más útil que puedes hacer al aprender escalas es aprenderlas en contexto. Por esta razón, es importante asociarlas a un acorde ancla. El ancla no está allí sólo para ayudarte a recordar la forma de la escala, está allí para ayudarte a oír y sentir el espíritu de la escala.

Veamos ahora cómo podemos utilizar el método de acordes ancla para aprender el modo dórico.

El dórico es un modo menor, como se evidencia por su fórmula (1 2 b3 4 5 6 b7). El acorde que se forma cuando se armoniza la nota fundamental es de séptima menor (1 b3 5 b7). Usar este acorde de séptima menor (m7) como ancla nos permite escuchar el modo dórico en su contexto.

La forma 1 del modo dórico en do (C) puede ser tocada de la manera siguiente:

C Dorian Shape 1

Seguramente vas a reconocer esta forma de escala de antes, pero como ya he mencionado, no la veas como la segunda forma de la escala mayor, mírala como la forma 1 del dórico. Su identidad, sonido y sensación son completamente nuevas.

Tal como hiciste con las formas de escala mayor en los capítulos anteriores, aprende el modo dórico tocando el acorde ancla antes de ascender y descender la escala.

Ejemplo 12c: (forma 1 dórica en do (C))

Ahora, toma todas las formas en orden y apréndelas alrededor de cada una de sus anclas en la tonalidad de do (C). Puedes utilizar la *pista de acompañamiento 5* para ayudarte.

Ejemplo 12d: (forma 1 dórica en do (C))

C Dorian Shape 2

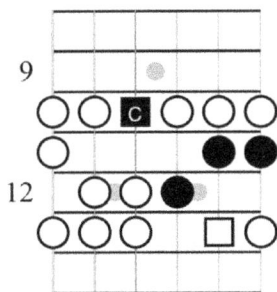

Ejemplo 12e: (forma 3 dórica en do (C))

C Dorian Shape 3

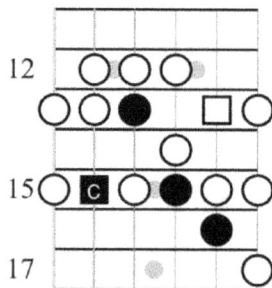

Ejemplo 12f: (forma 4 dórica en do (C))

C Dorian Shape 4

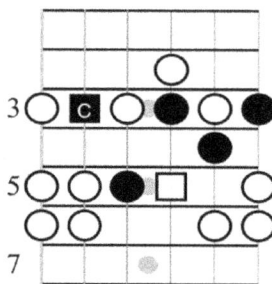

Ejemplo 12g: (forma 5 dórica en do (C))

C Dorian Shape 5

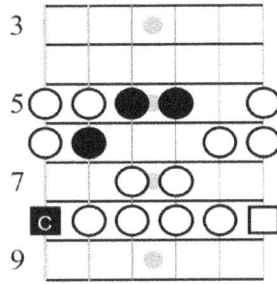

Repite los ejercicios de la escala mayor de los capítulos 10 y 11, con las formas del modo dórico mostradas. Puedes practicar estos ejercicios con la *pista de acompañamiento 5*.

La siguiente etapa consiste en aprender a tocar el modo dórico en las tonalidades de la (A), do (C), re (D), fa (F) y sol (G) en una posición en el diapasón. De esta manera asociarás rápidamente el acorde ancla m7 con la forma de escala dórica y lograrás hacer accesible el diapasón. Recuerda que el proceso es encontrar la nota fundamental, tocar el acorde ancla y finalmente tocar la escala, mientras que visualizas el acorde ancla.

En el rango de los trastes 5to al 8vo, el dórico se toca de la siguiente manera en las tonalidades de la (A), do (C), re (D), fa (F) y sol (G):

A Dorian Shape 1   C Dorian Shape 5   D Dorian Shape 4   F Dorian Shape 3   G Dorian Shape 2

Ejemplo 12h: (con acordes ancla), *pista de acompañamiento 10*.

A medida que interiorizas estas formas, repite el ejercicio pero omite los acordes. Sólo visualízalos mientras tocas cada escala. Puedes utilizar la *pista de acompañamiento 11* para practicar esto.

Recuerda que debes trabajar con la siguiente secuencia de ejercicios:

En orden la (A), do (C), re (D), fa (F) y luego sol (G) dórico

- Toca el acorde, asciende y desciende la escala, toca el acorde. Di los nombres de los acordes en voz alta

- Toca el acorde, desciende y luego asciende la escala, toca el acorde. Di los nombres de los acordes en voz alta

- Visualiza el acorde, asciende y desciende cada escala

- Visualiza el acorde, desciende y luego asciende cada escala

- Asciende en una forma y luego desciende en la siguiente, por ejemplo, asciende en la (A) dórico, desciende en do (C) dórico, etc.

- Desciende en una forma y luego asciende en la siguiente, por ejemplo, desciende en la (A) dórico, asciende en do (C) dórico, etc.

Trabaja con un metrónomo para asegurar que tu ritmo es consistente (sobre todo al cambiar de acordes) antes de aumentar gradualmente tu velocidad.

Cada pocos días, haz los ejercicios la do re fa sol (ACDFG) anteriores en una nueva posición en el diapasón. Vas a estar más familiarizado con la ubicación de las notas fundamentales en las otras posiciones al haber trabajado el capítulo 11. Si necesitas refrescar la memoria, las ubicaciones de las notas fundamentales están en la página 75.

Para empezar, aquí están las escalas de la (A), do (C), re (D), fa (F) y sol (G) en el rango de los trastes 7mo al 10mo.

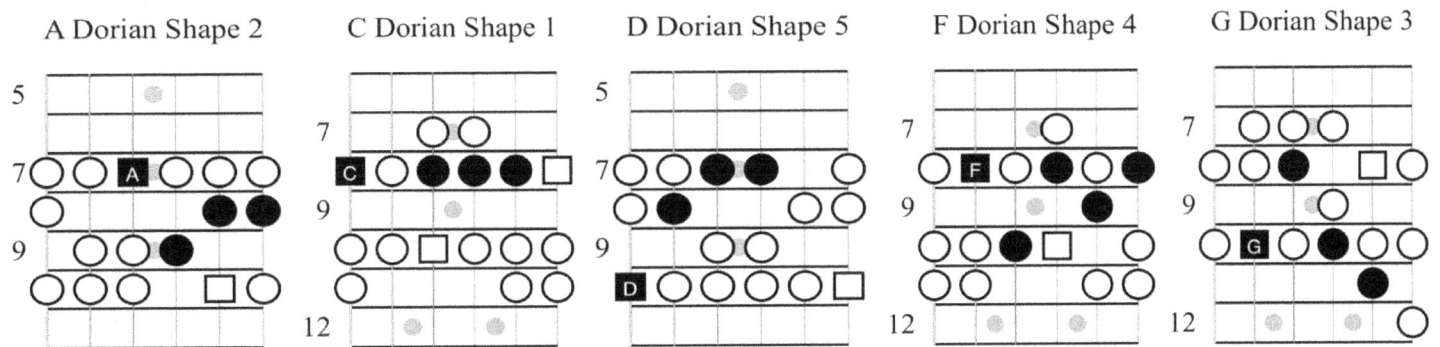

A Dorian Shape 2   C Dorian Shape 1   D Dorian Shape 5   F Dorian Shape 4   G Dorian Shape 3

Recuerda que para memorizar estas formas simplemente debes vincular el acorde con la forma de escala, y luego colocar el acorde en el lugar correcto en el diapasón para tocar en la tonalidad deseada.

Para interiorizar aún más el modo dórico, intenta tomar las secuencias melódicas del capítulo 1 y tocarlas con los ejercicios la do re fa sol (ACDFG) en cada posición. También puedes utilizar las ideas de intervalos, tríadas y arpegios cuando te sientas más preparado. Utiliza la *pista de acompañamiento 10* como ayuda.

Capítulo 13: ¿Por qué suenan diferente los modos?

Has visto que cualquier modo de la escala mayor se puede tocar en cualquier lugar de la guitarra con tan sólo cinco formas. Lo esencial es darse cuenta de que la forma en que escuchamos un conjunto de notas (escala) depende del acorde que se está tocando debajo de éste.

Normalmente vamos a escuchar los intervalos de una escala en el contexto del acorde que se está tocando en ese momento. Es por ello que en los ejemplos 12a y 12b, escuchaste exactamente las mismas notas funcionando como escalas diferentes. Las notas do re mi fa sol la si do (C D E F G A B C) se escucharon como una escala de do mayor cuando se tocaron sobre un acorde de do mayor potente, y se escucharon como re dórico sobre el potente acorde rem7 (Dm7).

Nuestro oído organiza inconscientemente los intervalos de la escala en relación con la nota más grave del acorde tocado en ese momento. Debido a que el patrón de intervalos de la escala Mayor es diferente al del modo dórico, las dos escalas se sienten *muy* diferentes.

Sin entrar en una enorme discusión sobre la teoría, la escala mayor tiene una 3ra mayor (una distancia de dos tonos) entre su 1ra y 3ra notas (do a mi). Cuando las notas de la escala de do mayor se tocan sobre un acorde de do mayor potente, nuestro oído oye la nota do como la fundamental de la escala y organiza los tonos de la escala desde ese punto hacia arriba. Oímos el intervalo de 3ra mayor de do a mi y sentimos las emociones, de felicidad y triunfo de la escala mayor.

Aunque la escala de re dórica contiene las mismas notas que do mayor, tocamos re dórico sobre un acorde de Rem (Dm) o Rem7 (Dm7). Nuestro oído organiza las notas en el contexto del acorde Rem7 (Dm7) y escuchamos las notas de manera diferente.

El modo dórico sólo tiene una distancia de un tono y medio entre su fundamental y su 3ra (re a fa). Esta distancia se llama una 3ra *menor* y tiene una sensación emocional completamente diferente a la de la 3ra mayor en do mayor. En pocas palabras, las 3ras menores se sienten tristes, todo lo contrario de las 3ras mayores.

Cuando tocamos las notas do re mi fa sol la si do (C D E F G A B C) sobre un acorde de do mayor, inconscientemente organizamos la escala desde la fundamental del acorde do y escuchamos cada intervalo de la escala en relación con la do fundamental.

Cuando tocamos las notas do re mi fa sol la si do (C D E F G A B C) sobre un acorde de re menor, inconscientemente organizamos la escala desde la fundamental del acorde de re menor y escuchamos cada intervalo de la escala en relación con la re fundamental.

Debido a que existe un patrón diferente de intervalos en las notas de do a do, y de re a re, las mismas notas crean una sensación muy diferente.

La 3ra mayor en la escala mayor y la 3ra menor en dórico no son las únicas diferencias entre estas dos escalas y, de hecho, todas las escalas tienen un conjunto de intervalos diferente.

Para resaltar y definir las diferencias en las escalas, los músicos comparan la estructura (patrón de intervalos) de una escala con la estructura de la escala mayor. La escala mayor es el componente principal de la mayoría de la música, por lo que se considera una buena "base" que podemos utilizar como referencia.

La distancia de una nota a la siguiente define la estructura de una escala, por ejemplo, de do a re, de re a mi, de mi a fa, etc. La distancia de do a re es de un tono (dos trastes en la guitarra), pero la distancia de mi a fa es solamente de un semitono (un traste en la guitarra). En cualquier escala mayor este patrón es *siempre*:

Tono, tono, semitono, tono, tono, tono, semitono.

Este patrón es el "ADN" de la escala. Si este patrón cambia, entonces ya no sería una escala mayor.

Como ya he mencionado, la escala mayor es la piedra angular de toda la música, por lo que su patrón tiene la sencilla fórmula

1 2 3 4 5 6 7.

Ahora tenemos un "estándar" que podemos utilizar para ayudarnos a comparar las características de las diferentes escalas.

Si recuerdas, el modo re dórico inicia en la segunda nota de la escala de do mayor. La distancia de re a mi es un tono, pero la distancia de mi a fa es un *semitono*. Ya nos hemos desviado del patrón de escala mayor mostrado anteriormente, que iniciaba con "*tono tono*".

De hecho, el modo dórico tiene dos notas que son diferentes de la escala mayor. Su fórmula es

1 2 b3 4 5 6 b7.

El modo frigio tiene cuatro notas que son diferentes de la escala mayor. Su fórmula es

1 b2 b3 4 5 b6 b7.

Estas diferentes fórmulas, causadas por los diferentes patrones de tonos y semitonos son la razón por la cual los modos tienen diferentes rasgos musicales.

La mejor manera de ver estas diferencias es mostrar las notas del modo cuando se tocan con la misma nota fundamental.

Escala	Fórmula	Notas
Do mayor	1 2 3 4 5 6 7	do re mi fa sol la si
Do dórico	1 2 b3 4 5 6 b7	do re mib fa sol la sib do
Do frigio	1 b2 b3 4 5 b6 b7	do reb mib fa sol lab sib do

Debido al b3 en dórico y frigio, éstos se consideran los modos "menores", porque producen un cierto sentimiento de tristeza cuando se tocan en contexto. La escala mayor tiene una 3ra "mayor" o natural que produce su sentimiento de felicidad y triunfo característico.

Cada modo contiene diferentes variaciones de la fórmula de la escala mayor y estas variaciones crean una sensación musical única. Una cosa para llevarse de todo esto es que la música es *muy* manipuladora. Ver una película o programa de televisión con diferente música sonando en una escena en particular, puede cambiar por completo el significado de la acción. Las películas de Disney y Hollywood a menudo te "dicen" cómo sentirte o cómo percibir un personaje en la pantalla por su música. Intenta poner en silencio el televisor y tocar una pieza musical jocosa mientras ves una película de acción. La percibirás de una manera completamente diferente.

Manipular la percepción de la audiencia en una película de ficción es una cosa; sin embargo, un fenómeno preocupante a tener en cuenta es cómo los canales de noticias "serios" manipulan la percepción que tiene el público de los eventos mediante el uso de música sutil para reforzar su agenda y para "decirnos" cómo nos debería hacer sentir un determinado suceso.

Capítulo 14: Todas las escalas y modos

Las siguientes páginas contienen las escalas y modos más importantes que deberías conocer como guitarrista moderno. Todos ellos se muestran en cinco formas y con los acordes ancla correctos en la tonalidad de do. Tu trabajo consiste en aprender a tocar las cinco formas en los centros tonales de la (A), do (C), re (D), fa (F) y sol (G) en las cinco posiciones en la guitarra.

Este *es* un proceso que toma mucho tiempo, por lo que sugiero que trabajes una sola escala a la vez y trates de dominarla en las cinco tonalidades, en las cinco posiciones durante un período de una semana. Comienza por aprender las formas de escala alrededor de los acordes ancla en todo el diapasón en la tonalidad de do usando los ejercicios de los capítulos 10 y 11. Utiliza las pistas de acompañamiento que se recomiendan en cada capítulo para ayudarte a *escuchar* cómo suena y se siente cada modo.

A medida que tomas confianza al tocar estas formas en la tonalidad de do, pasa a los ejercicios la do re fa sol (ACDFG) enseñados en los capítulos 11 y 12. Trabaja en una posición cada día y empieza cada día con una nueva posición antes de volver a repasar la práctica del día anterior. Recuerda que la secuencia de pasos para practicar es:

En orden la (A), do (C), re (D), fa (F) y luego sol (G),

- Toca el acorde, asciende y desciende la escala, toca el acorde. Di los nombres de los acordes en voz alta.

- Toca el acorde, desciende y luego asciende la escala, toca el acorde. Di los nombres de los acordes en voz alta.

- *Visualiza* el acorde, asciende y desciende cada escala.

- *Visualiza* el acorde, desciende y luego asciende cada escala.

- Asciende en una forma y luego desciende en la siguiente.

- Desciende en una forma y luego asciende en la siguiente.

Trabaja con un metrónomo para asegurar que tu ritmo es consistente (sobre todo al cambiar de acorde) antes de aumentar gradualmente tu velocidad.

El problema más común que retrasa a los estudiantes es no saber dónde están las notas fundamentales en cada posición. Asegúrate de memorizar las notas fundamentales en el diapasón antes de avanzar a los ejercicios.

Estos ejercicios son una gran tarea, pero serás un mucho mejor músico por haberlos practicado. Recuerda que aunque el objetivo es memorizar, nuestro cerebro sólo puede mantener una cierta cantidad de información a la vez.

Por encima de todo, el objetivo final es hacer música. Cuando te sientas cómodo tocando las escalas la do re fa sol (ACDFG) en una posición, trata de usar cada escala para tocar una melodía en cada acorde en vez de tocar la escala. Usando la pista de acompañamiento de "dos compases por tonalidad" en cada capítulo, toca una corta frase musical en la tonalidad correcta cada vez que cambie la tonalidad. Este es un ejercicio bastante difícil, ya que deberás iniciar tus melodías en *medio* de la escala, y no en la parte superior o inferior.

Para aprender a comenzar en cualquier punto de la escala, escribe licks cortos que comiencen en diferentes notas del acorde ancla. Cuando la tonalidad cambie, toca rápidamente el acorde ancla y comienza tu lick en una de las notas del acorde y luego elimina gradualmente los acordes ancla.

No hay prisa para dominar el siguiente material, pero después de trabajar en esta sección por un período de semanas o meses conocerás el diapasón como la palma de tu mano.

Para ayudarte a organizar tu tiempo, las escalas a las que debes dar prioridad están marcadas con un *.

El modo frigio

Fórmula 1 b2 b3 4 5 b6 b7

C Phrygian Shape 1   C Phrygian Shape 2   C Phrygian Shape 3   C Phrygian Shape 4   C Phrygian Shape 5

C Phrygian

El modo frigio es un modo de sonido oscuro, con sabor español, que es popular entre intérpretes como Chick Corea y Al Di Meola. A menudo se utiliza en el rock pesado y se puede oír en muchas canciones de Metallica.

El modo frigio es idéntico al modo eólico, excepto que el frigio contiene un grado de escala b2. Este grado b2 es responsable del fuerte sabor español.

El ejercicio la do re fa sol (ACDFG) puede practicarse con las siguientes pistas de acompañamiento:

Pista de acompañamiento 10: cuatro compases por acorde (toca el acorde, asciende y desciende cada escala, toca el acorde).

Pista de acompañamiento 11: Dos compases por acorde (asciende y desciende cada escala).

Pista de acompañamiento 12: Un compás por acorde (asciende en una escala, desciende en la siguiente).

El modo lidio*

Fórmula 1 2 3 #4 5 6 7

El modo lidio es un modo de sonido mayor con una diferencia principal de la escala mayor tradicional: el 4to grado de la escala se eleva en un semitono. Esta aparentemente pequeña alteración de la escala mayor crea una sensación de "otro mundo" y ha sido utilizada con excelentes resultados por músicos tan diversos como Frank Zappa y Danny Elfman.

El ejercicio la do re fa sol (ACDFG) puede practicarse con las siguientes pistas de acompañamiento:

Pista de acompañamiento 7: cuatro compases por acorde (toca el acorde, asciende y desciende cada escala, toca el acorde).

Pista de acompañamiento 8: dos compases por acorde (asciende y desciende cada escala).

Pista de acompañamiento 9: un compás por acorde (asciende en una escala, desciende en la siguiente).

El modo mixolidio*

Fórmula 1 2 3 4 5 6 b7

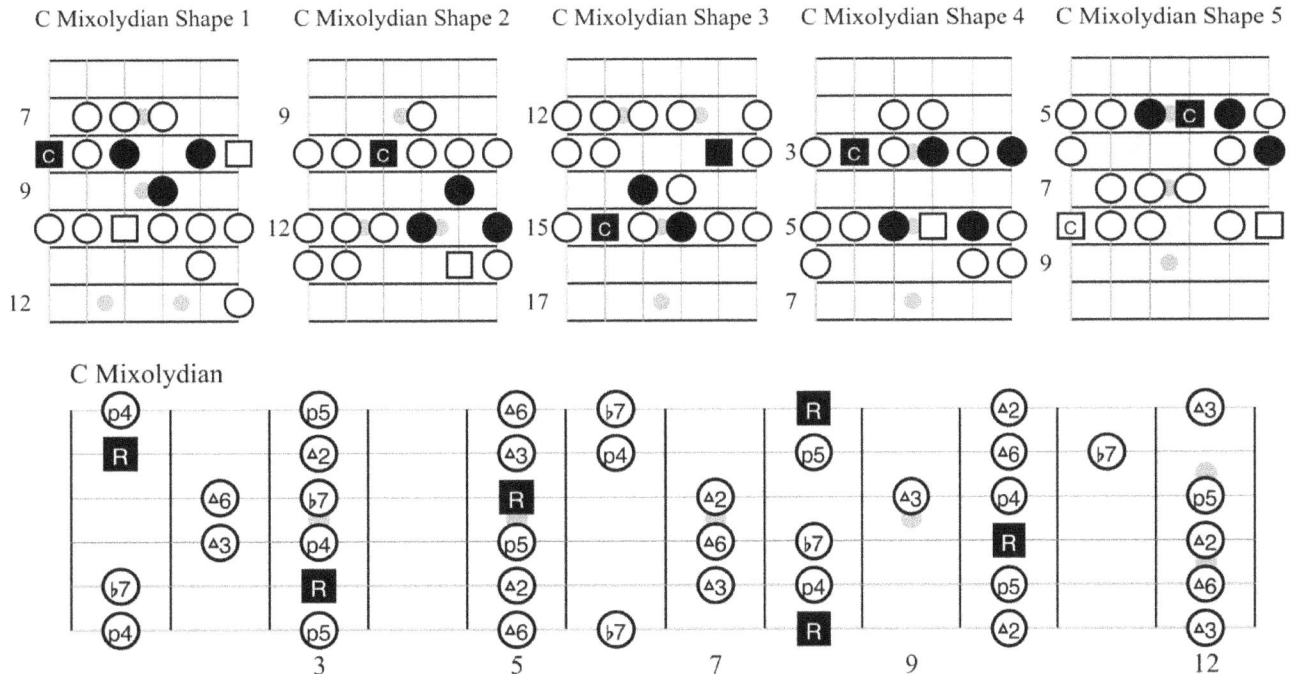

C Mixolydian Shape 1   C Mixolydian Shape 2   C Mixolydian Shape 3   C Mixolydian Shape 4   C Mixolydian Shape 5

C Mixolydian

El modo mixolidio se combina frecuentemente con las escalas pentatónicas mayores y menores. Con frecuencia se escucha en los solos de blues, rock y country, y muy a menudo se oye en la interpretación de Derek Trucks, los Allman Brothers y Stevie Ray Vaughan. Si estás escuchando un blues de 12 compases y el estado de ánimo se eleva de un sonido menor a uno mayor, esto a menudo se crea ya sea usando la escala pentatónica mayor o el modo mixolidio.

El modo mixolidio es idéntico a la escala mayor. Sin embargo, el mixolidio contiene un intervalo b7, el cual reduce algo del brillo de la escala mayor pura. Al "opacar" el brillo de la escala mayor, el mixolidio se vuelve más apropiado para el rock y el blues animados.

El ejercicio la do re fa sol (ACDFG) puede practicarse con las siguientes pistas de acompañamiento:

Pista de acompañamiento 13: cuatro compases por acorde.

Pista de acompañamiento 14: dos compases por acorde.

Pista de acompañamiento 15: un compás por acorde.

El modo eólico / menor natural*

Fórmula 1 2 b3 4 5 b6 b7

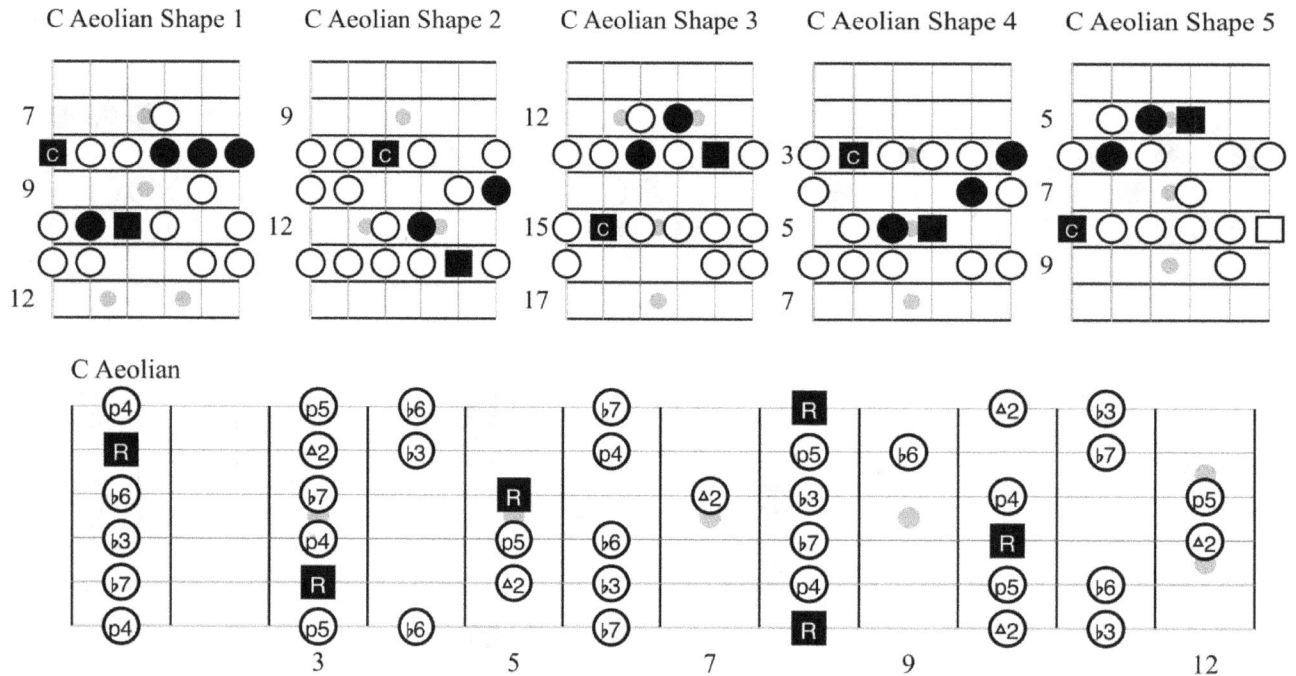

El eólico es probablemente el modo más utilizado en el rock pesado y el metal. Es por naturaleza un modo menor, ya que contiene un b3. Sin embargo, la adición del b6 crea un sonido más oscuro y más pesado que el modo dórico.

El modo eólico también se utiliza a menudo en melodías menores de jazz-blues.

Las canciones de rock moderno a menudo usan el modo eólico; un ejemplo clásico es *Empty Rooms* de Gary Moore.

El ejercicio la do re fa sol (ACDFG) puede practicarse con las siguientes pistas de acompañamiento:

Pista de acompañamiento 10: cuatro compases por acorde (toca el acorde, asciende y desciende cada escala, toca el acorde).

Pista de acompañamiento 11: dos compases por acorde (asciende y desciende cada escala).

Pista de acompañamiento 12: un compás por acorde (asciende en una escala, desciende en la siguiente).

El modo locrio

Fórmula 1 b2 b3 4 b5 b6 b7

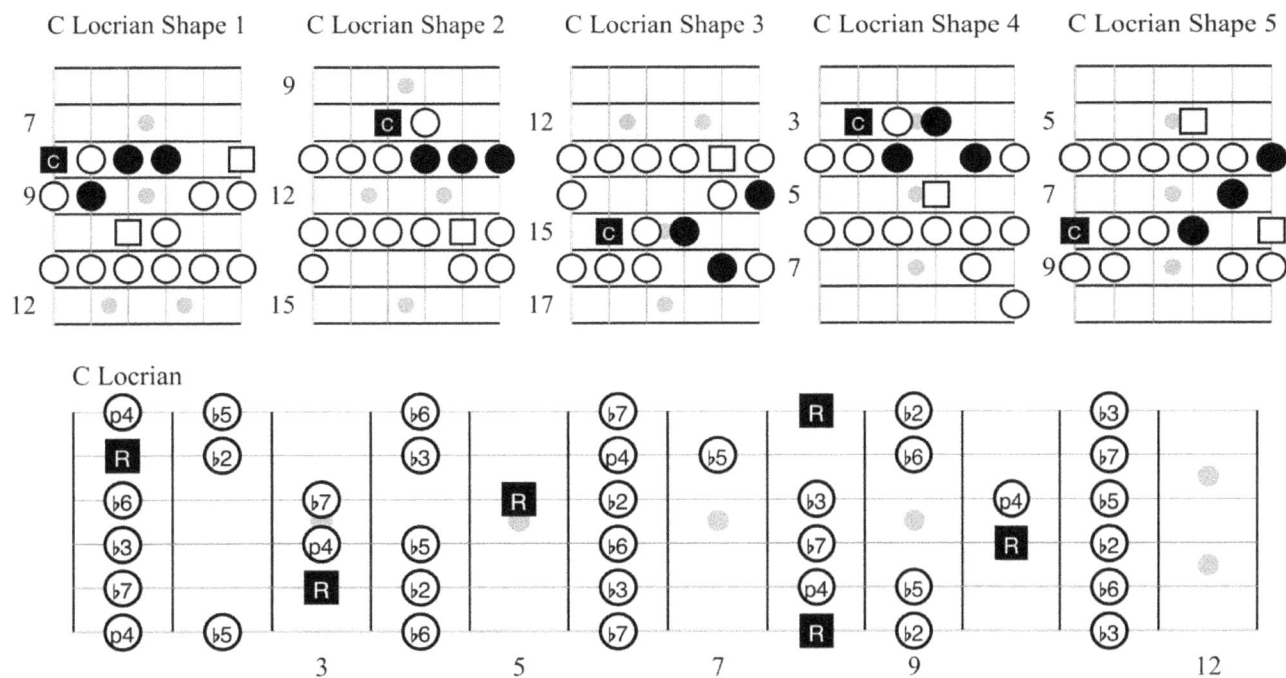

C Locrian Shape 1   C Locrian Shape 2   C Locrian Shape 3   C Locrian Shape 4   C Locrian Shape 5

C Locrian

El modo locrio rara vez se utiliza en la música popular, pero surge con bastante frecuencia en el death metal y los solos más pesados. De forma inesperada, es uno de los modos más utilizados en el jazz, y con frecuencia se produce cuando ves un acorde m7b5.

Cada nota en la escala locria, excepto la 4ta, se vuelve bemol, así que es casi lo más lejano de la escala mayor a lo que se puede llegar. Sin embargo, debido a que nuestros oídos están acostumbrados a escuchar melodías mayores y armonías, a menudo somos engañados para reorganizar subconscientemente las progresiones de acordes, de manera que las oímos como progresiones de escala mayor.

En el heavy metal, el modo locrio se toca a menudo sobre acordes de quinta (power chords) con un b5 para mantener la armonía simple y dejar que la melodía de la escala defina el centro tonal.

El ejercicio la do re fa sol (ACDFG) puede practicarse con las siguientes pistas de acompañamiento:

Pista de acompañamiento 16: cuatro compases por acorde.

Pista de acompañamiento 17: dos compases por acorde.

Pista de acompañamiento 18: un compás por acorde.

La escala pentatónica menor*

Fórmula 1 b3 4 5 b7

C Minor Pentatonic Shape 1   C Minor Pentatonic Shape 2   C Minor Pentatonic Shape 3   C Minor Pentatonic Shape 4   C Minor Pentatonic Shape 5

C Minor Pentatonic

La escala pentatónica menor (blues) es la escala más omnipresente en la música de la guitarra eléctrica moderna. Calculo que más del 80% de los solos de rock clásico se basa en este importante sonido.

La escala pentatónica menor es normalmente la primera escala que los guitarristas principiantes aprenden, y con razón. Es accesible de forma instantánea, fácil de tocar y de inmediato se presta a algunos de los licks de guitarra más clásicos jamás grabados.

En esencia, la escala pentatónica menor *es* el sonido del blues y del rock. Se puede tocar sobre tonalidades mayores y menores y es extremadamente versátil.

La escala de blues se crea mediante la adición de una nota b5 extra a la escala pentatónica estándar. La nota extra b5 o "blues", como es de esperar, añade un aire más sombrío y de blues al sonido.

La escala pentatónica menor es literalmente utilizada por todo el mundo en algún momento, por lo que es inútil enumerar a sus principales protagonistas. Lightnin' Hopkins, Jimi Hendrix, Jimmy Page, Eric Johnson y Paul Gilbert son todos excelentes ejemplos de intérpretes que han tratado la escala pentatónica menor de diferentes maneras.

El ejercicio la do re fa sol (ACDFG) puede practicarse con las siguientes pistas de acompañamiento:

Pista de acompañamiento 10: cuatro compases por acorde (toca el acorde, asciende y desciende cada escala, toca el acorde).

Pista de acompañamiento 11: dos compases por acorde (asciende y desciende cada escala).

Pista de acompañamiento 12: un compás por acorde (asciende en una escala, desciende en la siguiente).

Con escalas pentatónicas, altera el ritmo que tocas en estos ejercicios y usa tresillos en lugar de semicorcheas para tocar cada escala.

La escala pentatónica mayor*

Fórmula 1 2 3 5 6

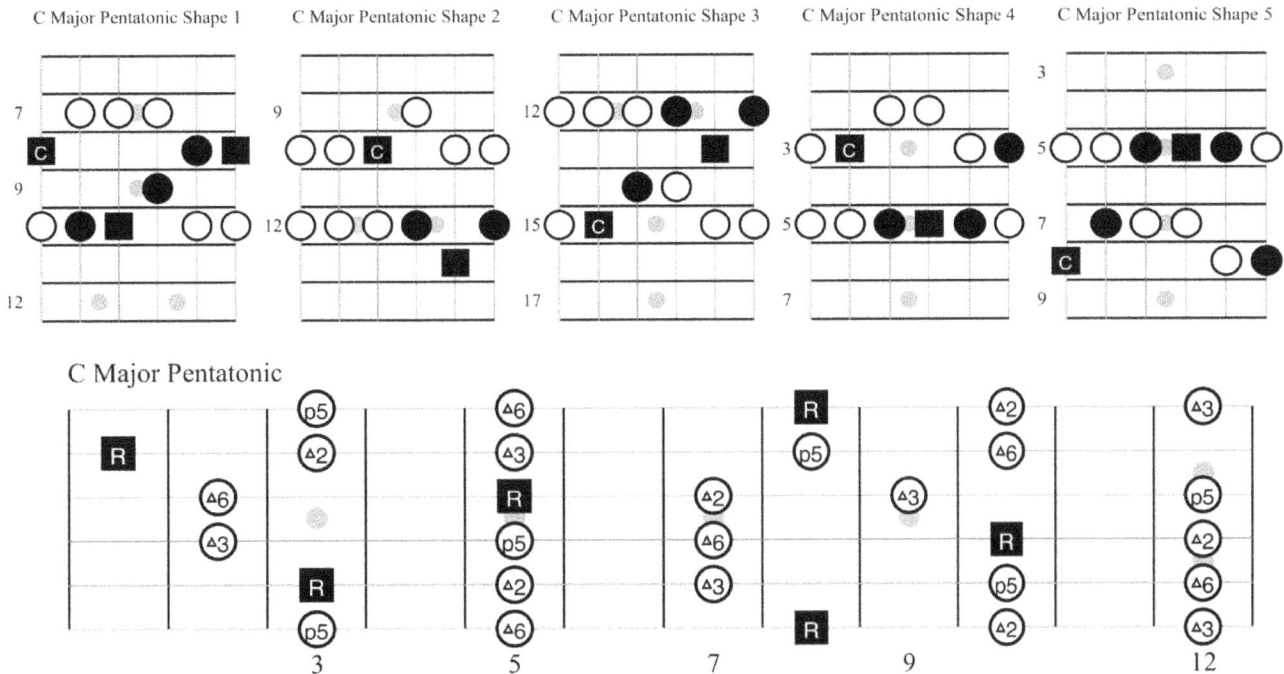

C Major Pentatonic Shape 1   C Major Pentatonic Shape 2   C Major Pentatonic Shape 3   C Major Pentatonic Shape 4   C Major Pentatonic Shape 5

C Major Pentatonic

La escala pentatónica mayor es casi tan ampliamente utilizada en la música moderna como su prima menor. Sin embargo, el sonido más brillante de la pentatónica mayor es menos rasposo y se utiliza a menudo en combinación con la escala pentatónica menor para elevar la música con sentimientos más animados.

Las digitaciones de las escalas de blues mayores y menores son idénticas, y la escala de blues mayor se ve a menudo como "la misma" que la escala pentatónica menor, sólo que empieza tres trastes por debajo.

Stevie Ray Vaughan y Jimi Hendrix eran maestros de la combinación de las escalas pentatónicas mayores y menores para crear emociones ricas y complejas en sus solos.

El ejercicio la do re fa sol (ACDFG) puede practicarse con las siguientes pistas de acompañamiento:

Pista de acompañamiento 7: cuatro compases por acorde (toca el acorde, asciende y desciende cada escala, toca el acorde).

Pista de acompañamiento 8: dos compases por acorde (asciende y desciende cada escala).

Pista de acompañamiento 9: un compás por acorde (asciende en una escala, desciende en la siguiente).

Con las escalas pentatónicas, altera el ritmo que tocas en estos ejercicios y usa tresillos en lugar de semicorcheas para tocar cada escala.

La escala menor melódica*

Fórmula 1 2 b3 4 5 6 7

El modo menor melódico es una de las escalas menores más comúnmente utilizadas en la música clásica y el jazz. Tiene una calidad rica y profunda que trasciende géneros. La versión de la menor melódica que se muestra en este libro se podría describir con más precisión como la escala menor "jazz", o la escala b3 jónica porque la verdadera y tradicional escala menor melódica de la música clásica se forma de manera diferente dependiendo de si se toca de manera ascendente o descendente.

La versión clásica de la menor melódica asciende como se muestra arriba, sin embargo, desciende de nuevo a la tónica usando el modo eólico. La mayoría de los músicos modernos no distinguen entre las versiones ascendente y descendente del modo menor melódico y normalmente ascienden y descienden usando el modelo anterior.

Como se ha mencionado, la escala menor melódica en este contexto puede ser mejor conocida como la escala jónica b3; es idéntica a la escala jónica (mayor), excepto porque contiene un intervalo b3 en lugar de una 3ra mayor.

El ejercicio la do re fa sol (ACDFG) puede practicarse con las siguientes pistas de acompañamiento:

Pista de acompañamiento 10: cuatro compases por acorde (toca el acorde, asciende y desciende cada escala, toca el acorde).

Pista de acompañamiento 11: dos compases por acorde (asciende y desciende cada escala).

Pista de acompañamiento 12: un compás por acorde (asciende en una escala, desciende en la siguiente).

El modo lidio dominante

Fórmula 1 2 3 #4 5 6 b7

El modo lidio dominante es un modo muy común en el jazz y fusión. Tiene una construcción muy similar al modo Mixolidio pero tiene un 4to grado elevado. Se utiliza normalmente sobre acordes de séptima dominante, y la mayoría de los músicos tiende a ver el grado # 4 como un b5, lo que es similar a la escala de blues más común. Por esta razón, los modos mixolidio, blues y lidio dominante a menudo se combinan libremente.

El lidio dominante se utiliza a menudo sobre acordes de séptima dominante tanto estáticos como funcionales (que resuelven), y proporciona una gran mezcla de estilos entre el blues tradicional y el jazz blues.

El ejercicio la do re fa sol (ACDFG) puede practicarse con las siguientes pistas de acompañamiento:

Pista de acompañamiento 13: cuatro compases por acorde.

Pista de acompañamiento 14: dos compases por acorde.

Pista de acompañamiento 15: un compás por acorde.

La escala alterada

Fórmula: 1 b2 #2 3 b5 #5 b7 (normalmente vista como 1 b9 #9 3 b5 #5 b7)

Esta es sin duda para los intérpretes de jazz puro; el modo alterado o "súper locrio" comprende la fundamental y los tonos guía de un acorde de séptima dominante (1, 3 y b7), más *todas* las posibles alteraciones cromáticas del acorde de séptima dominante (b9, #9, b5 y #5). Se presta perfectamente para usarse sobre un acorde dominante alterado que se resuelve en la tónica de la tonalidad, por ejemplo:

Do7#5b9 - Fam7

Técnicamente, los teóricos pueden decir que es más adecuado para usarse cuando el acorde dominante se resuelve en un acorde tónico menor, sin embargo, todavía se usa comúnmente cuando el acorde dominante se resuelve en un acorde mayor.

Es importante tener en cuenta que la escala alterada *no* contiene un 5to grado natural, lo que le da un sonido extremadamente inestable. Sin embargo, debido a que se utiliza normalmente en acordes dominantes funcionales, esta característica puede funcionar muy bien.

Esta escala a menudo es llamada "modo súper locrio" porque es idéntica al modo locrio, pero contiene una b4 (intervalo de 3ra mayor). Por esta razón, la escala alterada funciona de manera muy diferente y se considera un modo mayor, y se utiliza sobre acordes de tipo dominante.

La escala alterada se puede utilizar sobre un acorde dominante alterado estático como se muestra en las siguientes progresiones, y si bien esta es una manera muy útil de practicarla para poder familiarizarse con su sabor único, es raro verla aplicada musicalmente en este contexto.

El ejercicio la do re fa sol (ACDFG) puede practicarse con las siguientes pistas de acompañamiento:

Pista de acompañamiento 19: cuatro compases por acorde.

Pista de acompañamiento 20: dos compases por acorde.

Pista de acompañamiento 21: un compás por acorde.

La escala menor armónica*

Fórmula 1 2 b3 4 5 b6 7

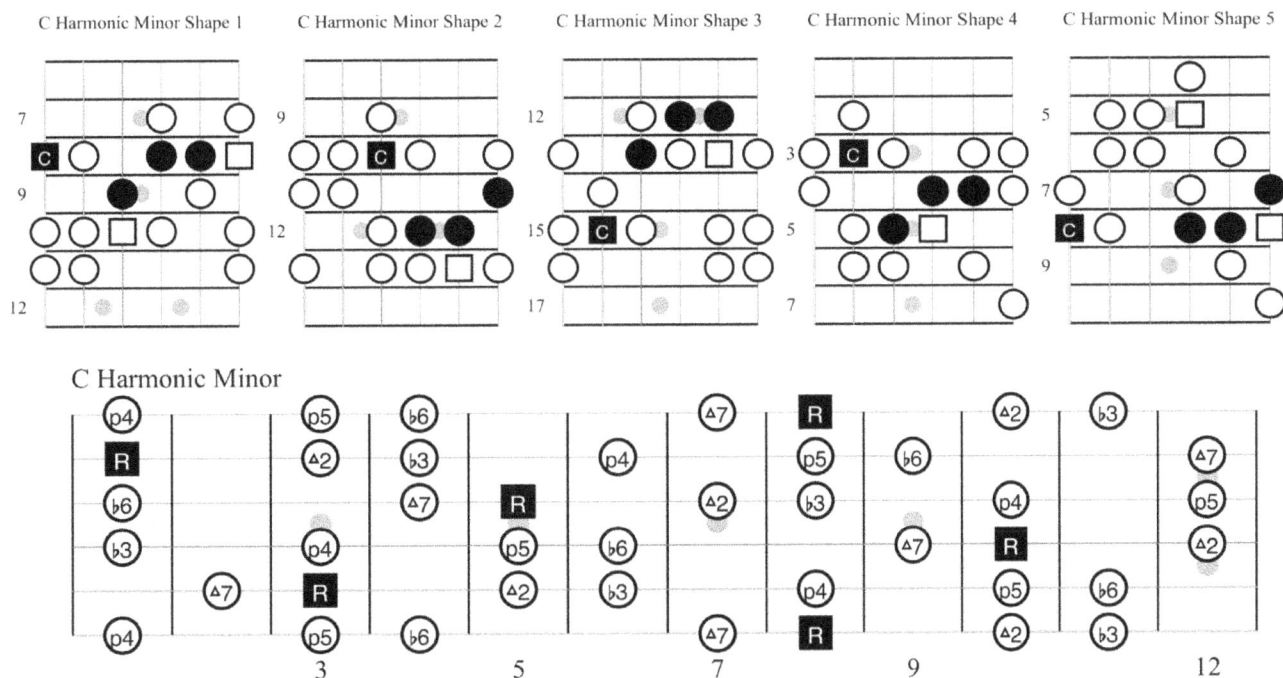

C Harmonic Minor Shape 1 · C Harmonic Minor Shape 2 · C Harmonic Minor Shape 3 · C Harmonic Minor Shape 4 · C Harmonic Minor Shape 5

C Harmonic Minor

La escala menor armónica puede sonar un poco pasada de moda actualmente pero, si se usa con moderación, este sabor único puede añadir profundidad e inteligencia a tus solos.

La escala menor armónica se caracteriza por el salto de tono y medio entre la b6 y el 7mo grado natural, y evoca al instante un ambiente Árabe/Oriente Medio. Esto es causado por el salto de tono y medio entre la b6 y el 7mo grado natural (lab a si en la tonalidad de do).

Tradicionalmente, la escala menor armónica (fiel a su nombre) ha sido la fuente de armonía menor y de estructuras de acordes en la música clásica. Mientras que las piezas musicales escritas en tonalidades mayores generalmente toman sus acordes de la escala mayor armonizada, las piezas de música en tonalidades menores normalmente derivan sus acordes de la escala menor armónica armonizada.

El ejercicio la do re fa sol (ACDFG) puede practicarse con las siguientes pistas de acompañamiento:

Pista de acompañamiento 10: cuatro compases por acorde (toca el acorde, asciende y desciende cada escala, toca el acorde).

Pista de acompañamiento 11: dos compases por acorde (asciende y desciende cada escala).

Pista de acompañamiento 12: un compás por acorde (asciende en una escala, desciende en la siguiente).

El modo dominante frigio

Fórmula 1 b2 3 4 5 b6 b7

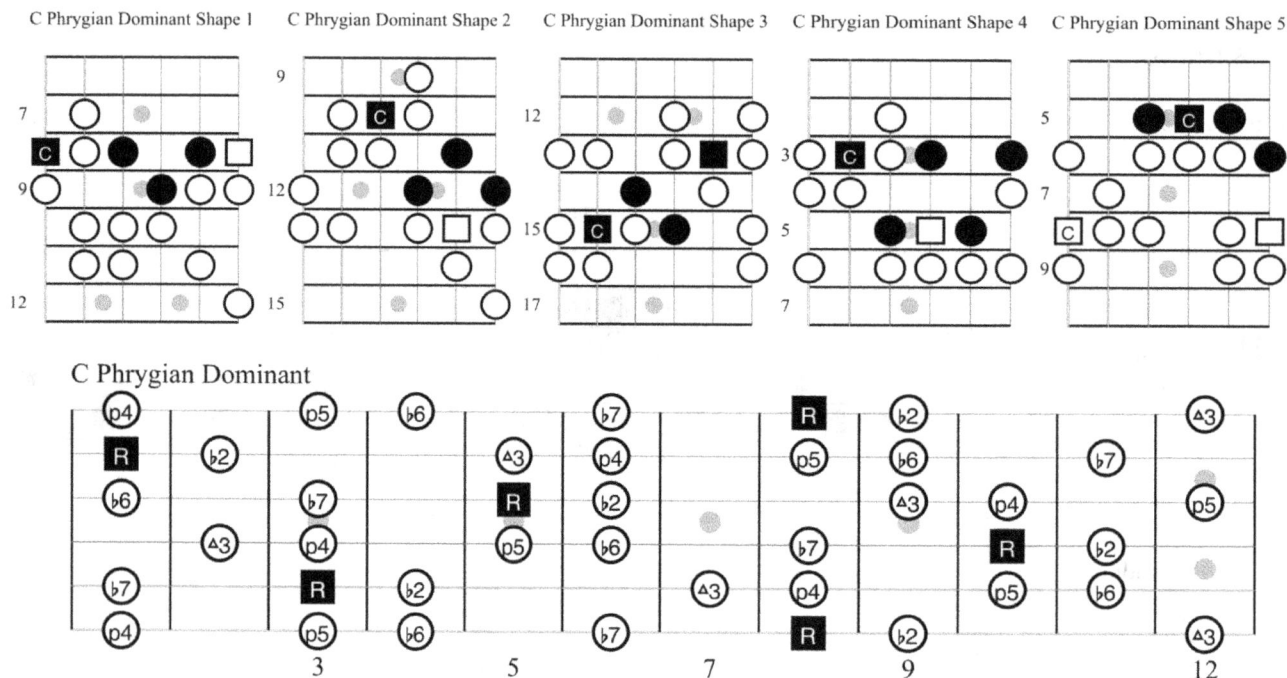

La escala dominante frigia es extremadamente popular en el jazz y el rock. Tiene características muy españolas, y gitanas, lo que la hace fácilmente reconocible.

Muchas personas consideran que el modo dominante frigio es la escala principal de la mayoría de la música flamenca.

En el rock, ha sido comúnmente utilizada por Rush y Metallica, y se utiliza en la famosa sección de "pick tapping" de *Surfing With The Alien* (01:09) por Joe Satriani.

El modo dominante frigio es uno de los favoritos de los intérpretes de rock neoclásico tales como Yngwie Malmsteen, pues el paso de tono y medio entre la b2 y la 3ra mayor crea al instante una fuerte sensación clásica.

En el jazz, el modo dominante frigio se utiliza a menudo sobre un ii v i menor. Cuando se toca sobre un acorde dominante funcional (que resuelve), las melodías dominantes frigias implican fuertemente una resolución hacia la tónica menor debido a que el grado b6 del modo dominante frigio se convierte en la 3ra menor del acorde tónico.

El ejercicio la do re fa sol (ACDFG) puede practicarse con las siguientes pistas de acompañamiento:

Pista de acompañamiento 19: cuatro compases por acorde.

Pista de acompañamiento 20: dos compases por acorde.

Pista de acompañamiento 21: un compás por acorde.

La escala *half whole* (disminuida)

Fórmula 1 b2 #2 3 #4 5 6 b7 (normalmente vista como 1 b9 #9 3 b5 5 b7)

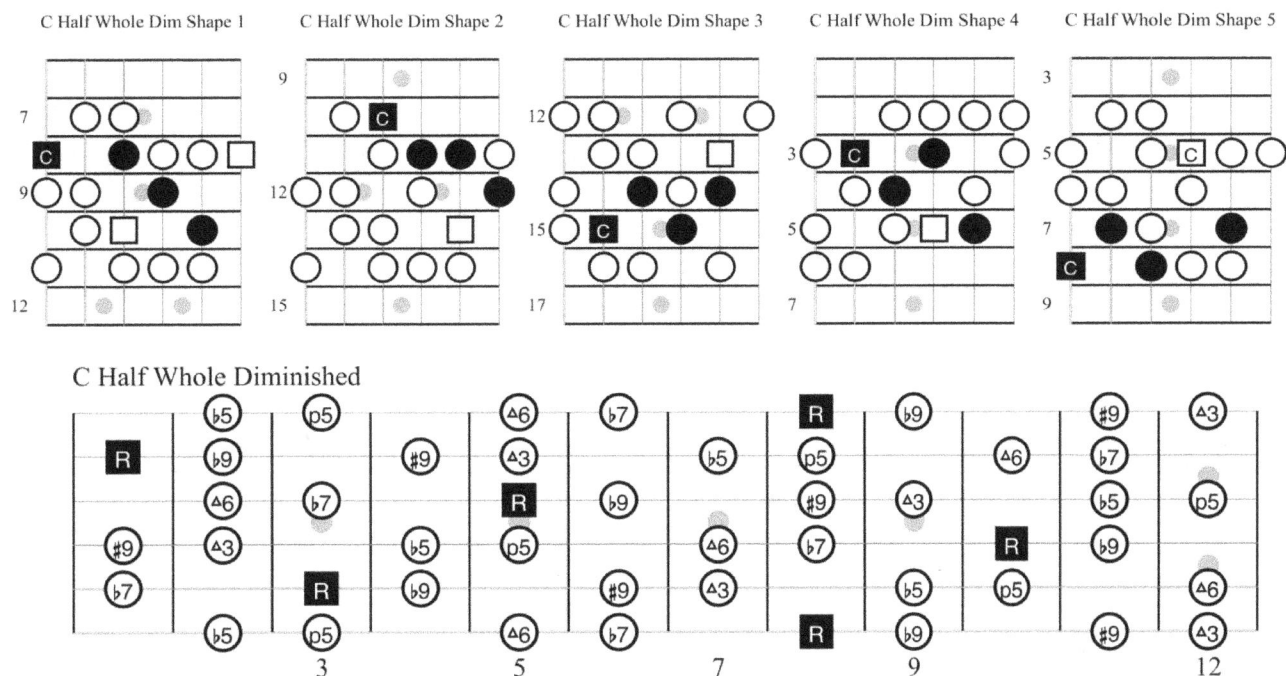

C Half Whole Dim Shape 1 · C Half Whole Dim Shape 2 · C Half Whole Dim Shape 3 · C Half Whole Dim Shape 4 · C Half Whole Dim Shape 5

C Half Whole Diminished

Las escalas sintéticas son aquellas que no ocurren "naturalmente" en un sistema modal; que se crean mediante el uso de un patrón particular de repetición (sintético) de tonos y semitonos en su construcción.

Por ejemplo, la escala *half whole* disminuida Medio Entero se forma siguiendo el patrón de tonos *medio, entero, medio, entero, etc.* Al seguir este patrón se genera una escala de ocho notas que se presta mucho para tocar patrones melódicos y "geométricos" en los solos. Es inusual derivar acordes y armonía de las escalas sintéticas, pero a veces sucede en el jazz moderno y fusión.

El ejercicio la do re fa sol (ACDFG) puede practicarse con las siguientes pistas de acompañamiento:

Pista de acompañamiento 19: cuatro compases por acorde.

Pista de acompañamiento 20: dos compases por acorde.

Pista de acompañamiento 21: un compás por acorde.

La escala de tonos enteros (aumentada)

Fórmula 1 2 3 #4 #5 b7

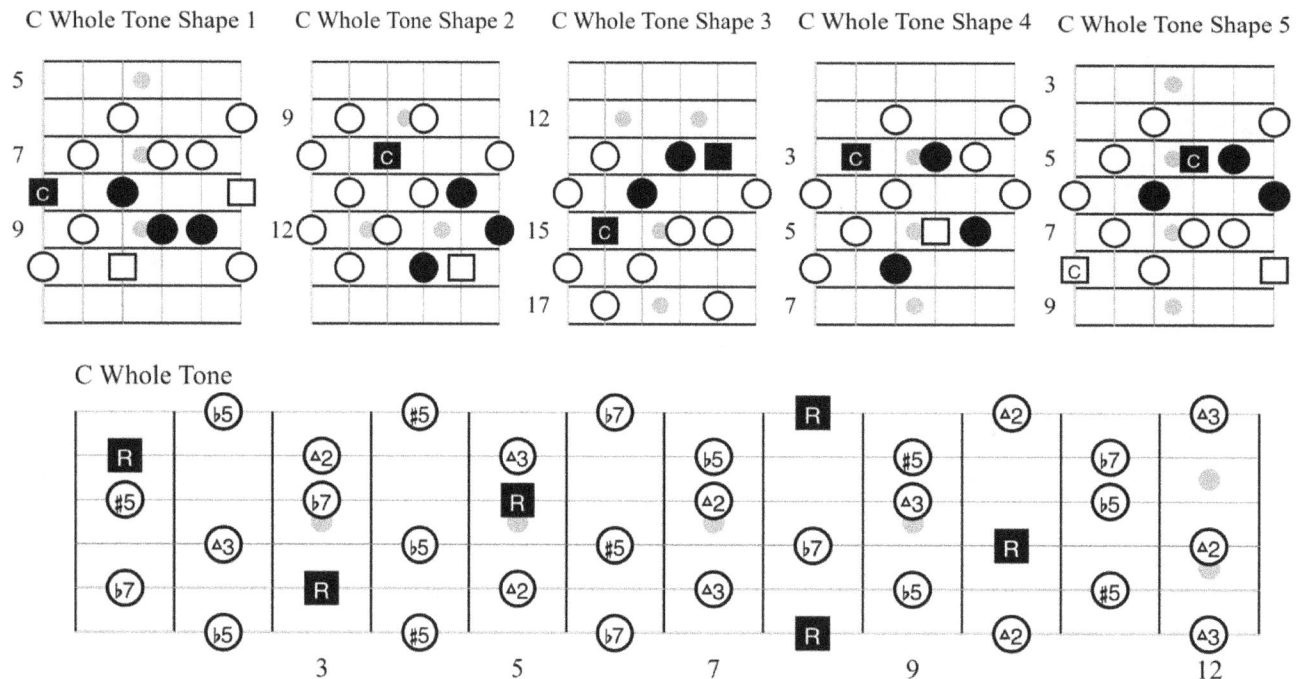

C Whole Tone Shape 1   C Whole Tone Shape 2   C Whole Tone Shape 3   C Whole Tone Shape 4   C Whole Tone Shape 5

C Whole Tone

La escala de tonos enteros (o *whole tone*) es otra escala sintética. Se crea al mantener una distancia de un tono entre *cada* grado de la escala. La escala de tonos enteros contiene sólo seis tonos individuales, y debido a su construcción sólo hay dos transposiciones de la escala.

Las notas de do de tonos enteros y de re de tonos enteros son idénticas (esto es fácil de ver en el diagrama del diapasón completo anterior) y, por tanto, sólo dos transposiciones cubren todas las transposiciones en las que la escala se puede tocar: do y do#. Esto no quiere decir que la escala de tonos enteros sólo se puede tocar en una tonalidad, significa que las notas en do, re, mi, fa#, sol# y la# de tonos enteros son idénticas.

Como una escala simétrica, la escala de tonos enteros, al igual que la escala *half whole* disminuida, se presta para líneas musicales "geométricas" y es común escuchar muchas secuencias y patrones creados a partir de su estructura.

El ejercicio la do re fa sol (ACDFG) puede practicarse con las siguientes pistas de acompañamiento:

Pista de acompañamiento 22 cuatro compases por acorde.

Pista de acompañamiento 23: dos compases por acorde.

Pista de acompañamiento 24: un compás por acorde.

Conclusiones y consejos para la práctica

Este libro contiene una gran cantidad de información y probablemente te tomará muchos meses o incluso años trabajar en todo su contenido, por lo que mi mayor consejo es dar prioridad a tus objetivos de práctica. Los ejercicios y las escalas de este libro a los que deberías dar prioridad están marcados con un asterisco (*) así que asegúrate de que éstos sean tu prioridad cada vez que tomes tu guitarra.

Te recomiendo mucho centrarte en una sola escala y sólo en uno de los capítulos 1 al 4 a la vez, y combinar su práctica en gran medida con una canción o estilo de música que estés trabajando.

Por ejemplo, si estuvieras aprendiendo a tocar una canción de rock pesado, posiblemente querrías centrarte en el aprendizaje del modo eólico en todas las cinco posiciones y trabajar sobre las secuencias más importantes del capítulo 1 antes de pasar a los intervalos del capítulo 2.

Otro enfoque para practicar la sección de escalas de este libro es tomar un modo por semana o por mes, y dominar las posiciones del sistema CAGED antes de trabajar en las ideas melódicas de los capítulos anteriores con dicho modo.

Independientemente de cómo dividas el material, recuerda que el objetivo final no es simplemente ejecutar patrones a un tempo rápido; es usar estas ideas para formar melodías nuevas y creativas en tus propias improvisaciones.

La velocidad puede ser un objetivo útil para medir el progreso, pero con la búsqueda exclusiva de la velocidad en las secuencias difíciles, es fácil entrenar tus dedos para sólo ejecutar patrones cuando es el momento de realizar el solo. El factor importante al pasar de los patrones a las melodías es simplemente dividir los patrones y dejar espacio.

Combina los patrones en los que estás trabajando con los licks que ya conoces. Oblígate a tocar algo diferente. Sonará obvio y forzado al comienzo, pero poco a poco se convertirá en una parte más natural de tu interpretación y se mezclará con la música que ya estás haciendo.

Si tuviera que destacar una sola cosa de este libro, sería que *todo* lo que hay aquí se trata del *entrenamiento del oído*. La práctica de secuencias, intervalos, tríadas, arpegios y escalas te abre la mente al permitirte escuchar nuevas posibilidades creativas. Literalmente eres forzado a tocar e interiorizar ideas melódicas que nunca habías tocado.

Puede que estas nuevas ideas no se reflejen inmediatamente en tu interpretación, pero como con cualquier nuevo vocabulario, ellas estarán allí, bien guardadas para cuando tu parte creativa las quiera sacar a flote.

Por encima de todo, asegúrate de pasar algún tiempo practicando nuevos patrones melódicos en un ambiente creativo y de improvisación.

¡Que te diviertas!

Joseph

Apéndice A: Formas de escala de tres notas por cuerda

Formas mayores:

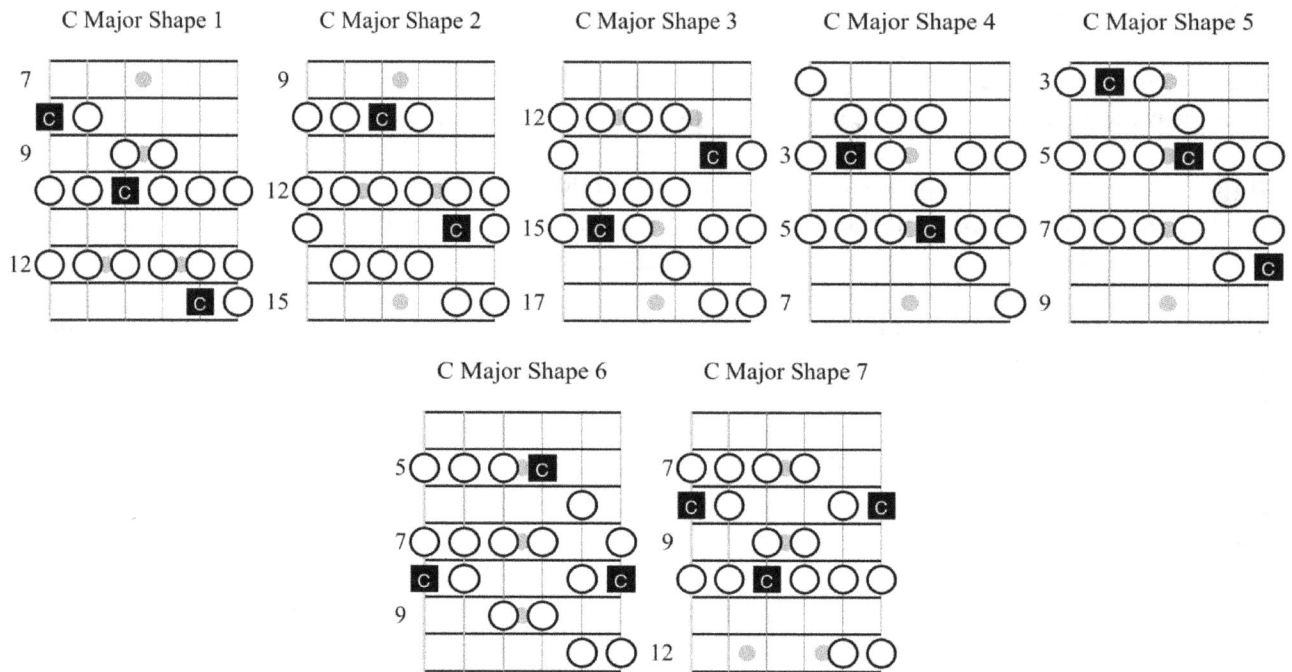

C Major Shape 1   C Major Shape 2   C Major Shape 3   C Major Shape 4   C Major Shape 5

C Major Shape 6   C Major Shape 7

Formas menores melódicas:

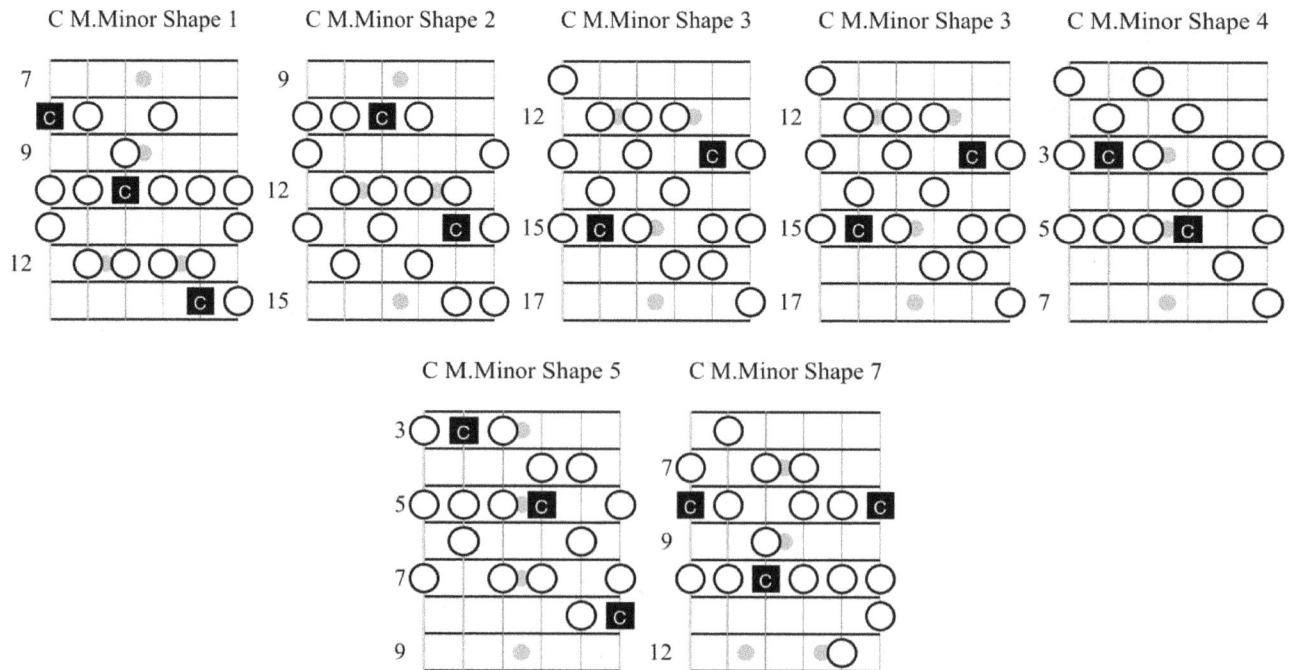

C M.Minor Shape 1   C M.Minor Shape 2   C M.Minor Shape 3   C M.Minor Shape 3   C M.Minor Shape 4

C M.Minor Shape 5   C M.Minor Shape 7

Formas menores armónicas:

C H.Minor Shape 1   C H.Minor Shape 2   C H.Minor Shape 3   C H.Minor Shape 4   C H.Minor Shape 5

C H.Minor Shape 6   C H.Minor Shape 7

www.ingramcontent.com/pod-product-compliance
Lightning Source LLC
Chambersburg PA
CBHW081133090426

42737CB00018B/3326